这个世界很美好，但也存在很多危险，学会保护自□
守护自己的人身安全，是女孩受用一生的能力。

女孩，
你的**安全**最重要

王志艳　编著

民主与建设出版社

·北京·

图书在版编目（CIP）数据

家有儿女 .1, 女孩，你的安全最重要 / 王志艳编著 .

-- 北京：民主与建设出版社，2021.4

ISBN 978-7-5139-3447-3

Ⅰ . ①家… Ⅱ . ①王… Ⅲ . ①女性－儿童教育－家庭

教育 Ⅳ . ① G78

中国版本图书馆 CIP 数据核字（2021）第 053792 号

女孩，你的安全最重要

NV HAI NI DE AN QUAN ZUI ZHONG YAO

编　著	王志艳
责任编辑	刘树民
封面设计	漫游鲸马
出版发行	民主与建设出版社有限责任公司
电　话	（010）59417747　59419778
社　址	北京市海淀区西三环中路 10 号望海楼 E 座 7 层
邮　编	100142
印　刷	晟德（天津）印刷有限公司
版　次	2021 年 4 月第 1 版
印　次	2021 年 4 月第 1 次印刷
开　本	690 毫米 ×960 毫米　　1/16
印　张	12
字　数	125 千字
书　号	ISBN 978-7-5139-3447-3
定　价	68.50 元

注：如有印、装质量问题，请与出版社联系。

前言

当我们在百度上随意搜索一下"女孩失踪2019"，竟然发现有3750多万个结果；搜索"女孩意外2020"，也有1700多万个结果。

看到这些庞大的数字，你有什么想法？

青春时期的女孩，正处于人生最美好的阶段：拥有阳光般的笑脸，就像含苞待放的花朵；拥有远大的梦想，正在追求更精彩的未来……但是，由于身心发育不成熟，社会阅历较少，或者因为青春期性意识的萌发，对社会上的种种都充满好奇，使得女孩很容易轻信他人，从而让自己不知不觉中遭遇意外。

女孩遭遇意外的形式也是多种多样，有的女孩被人从车上下来强行掳走；有的女孩在上学路上离奇失踪；有的女孩因年少纯真被人欺骗；有的女孩因轻信"网友"而遭受性侵……除此之外，还有的女孩会被人跟踪、抢劫、绑架、强暴，甚至被杀害，失去生命，一朵初开的花儿早早凋零。

之所以有如此多的女孩遭受伤害，甚至丢掉性命，除了思想单纯、社会阅历少外，更主要的原因在于她们自身缺乏安全知识，防范意识太差，从而给了不轨之人以可乘之机。

为了避免更多的悲剧发生，每一个女孩都要积极提升自身安全意识，学习和掌握一些科学的安全知识以及操作性强的安全技能，帮助自己识别坏人的伎俩，为自己提供一份有效的安全保障。

可能有许多女孩觉得：我们的社会治安很好，我们的身边也没那么多坏人，哪有那么多危险存在？是不是太危言耸听了？

常言道，"不怕一万，就怕万一"。许多事情在发生时，或因为经验缺失，或因为思想单纯，对于绝大多数人来说的多数时刻，都不认为自己身边存在危险。但是，正因为我们的后知后觉，才让一些看似意外、实则早有征兆的事情发生在我们身上。

对于大多数女孩来说，最容易放松警惕的地方就是校园，然而女孩在校园中遭受的伤害一点都不少，校园暴力、老师的性侵、同学的勒索、校园贷的陷阱……时刻都可能发生在女孩身上。因此，女孩一定要警惕校园内暗藏的"魔爪"，保护好自己的安全。

社会上的危险也无处不在，甚至与校园相比，社会上的危险更多、更复杂，比如黑车司机的拐骗、陌生人的假意求助、烟酒和毒品的危害、娱乐场所中的种种危险……都可能对女孩造成严重的身心伤害。

相对于现实社会，虚拟的网络上也危险重重。网络上的"成熟大叔"可能心里正对你打着坏主意，每天对你甜言蜜语的"网上男友"可能正在对你骗财骗色……此外，网上购物、网上"抽奖"、网络直播等，也暗藏着许多不适宜女孩接触的东西。上网的女孩，也必须懂得远离网上陷阱，保护好自己的财产和人身安全。

每一个女孩都不希望自己遇到任何伤害和意外，但世事难料，而我们能够做的，就是努力提升自己的安全和保护意识，加强自身的防范，将保护自己的安全当成是人生中重中之重的大事。因为，我们的安全无价。

愿每个女孩都能远离这世间所有的恶，拥有这世间所有的善，平安、自信、健康地向这世间展示自己的美好，奔赴自己精彩的未来。

目录

第 3 章 青涩的情感最珍贵——跟青春期烦恼说"bye-bye"

第 4 章 享受美好的校园生活——警惕暗中隐藏的魔爪

第5章 让青春之花绽放——远离社会中的风险与诱惑

第6章 网络那端未必是朋友——别在网络骗局中迷失自己

第 7 章 渴望成长，也要遵守规则——不将自己置于危险禁区

第1章

女孩，你的安全无价——提升自身安全意识最重要

处于人生最灿烂年龄的青春女孩，因为社会阅历少，思想单纯，防范意识薄弱，缺乏安全常识，很容易给坏人以可乘之机，危害到自己的健康与安全。所以，女孩一定要提高自身安全防范意识，随时注意到自己周围的危险变化，让自己成为自我保护的最佳屏障。

任何时候都要有自我保护意识

2017 年 10 月的一天，河北省石家庄市某高中高三女生谢某，下午放学后，在距离校门不远的地方上了一辆出租车，之后再也没有回来。

家长在家等来等去，都等不到女孩回来，着急地报了警。而警察通过调取附近的监控视频及对周围的出租车司机走访调查后发现，附近的出租车司机根本不认识接走谢某的那个司机。

几天后，在警方的全力查找下，发现一辆黑色轿车有重大嫌疑，于是将该车驾驶员彭某抓获。经审讯，彭某交代了自己的犯罪事实。

原来，当天下午彭某开着非法运营车辆冒充出租车，在校门口发现谢某独自行走后，便过去搭讪。听说谢某要回家，彭某就谎称自己正好与谢某顺路，可以捎谢某一段。

谢某上车后，彭某快速驾车离开。途中彭某将车开到一条偏僻的小路上，不顾谢某的激烈反抗，在车上将谢某强奸后杀害。

说起"自我保护"这个话题，对于女孩来说其实是既现实又沉重的。可能从我们刚刚懂事起，父母就在不断向我们灌输"你要学会保护自己"的观念，但为什么社会上还有那么多女孩在遭遇搭讪、跟踪、挟持、强奸等意外和侵害时，都没有及时作出反应，以至于错过了最佳的逃生时机呢？在大多数情况下，伤害其实都是可以避免的，结果却因为我们的大意、不在乎，将自己推向了危险的境地。

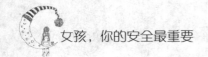

由此可以看出，缺乏安全防范意识，自身警觉性不强，是造成女孩容易遭受伤害的主要原因。就像案例中的女孩谢某一样，对于不认识的司机彭某本该保持戒备之心，但是她却因为轻信对方的谎言而上了"黑车"，使伤害在毫无防范的情况下降临了。一个高三的女生，从年龄上来说也已接近成年人，自我保护意识却如此薄弱，不能不说，这是一种悲哀。

2017年6月，发生于美国伊利诺伊州大学的中国女孩章莹颖失踪案，至今仍然牵动着很多人的心。一个美丽优秀的女孩，因为与房东约好要在当天下午签约，但在途中错过了公交车。就在她正着急的时候，一辆黑色轿车停在她身边，一位男子和她交谈几句后，章莹颖上了男子的车，从此一去不回。

试想一下，如果女孩当时具有一定的防范意识，可能就不会轻易上一个陌生男子的车，后面的悲剧也不会发生。可惜，世间根本没有"如果"。

所以，我们在痛斥社会上那些歹徒、小偷、抢劫犯等坏人的同时，更重要的是建立保护自己的认知，在任何时候都要具备强烈的自我保护意识，做好自身防范措施。

那么，作为女生，我们平时该怎么做，才能最大可能地保护自己不受伤害呢？

一、建立超前的自我保护意识

作为一名花季女孩，我们很容易成为坏人"下手"的对象和目标，因此，我们必须主动意识到："我的安全需要我自己来守护！"这一点非常重要。只有具备了这种超前的自我保护意识，我们才会在遇到相关或类似情况时，及时快速地作出反应。

比如，当陌生人许诺我们某些好处，或者主动要为我们提供某些便利时，我们一定要注意与对方保持距离，不要轻易相信对方，更不要随便接受对方提供的饮料、零食或其他帮助等。当然，并不是所有的陌生人都是坏人，但如果我们能做到"防人之心不可无"，多加防范，总归是对自己的安全负责。

二、多倾听来自父母和老师的安全忠告

父母和老师作为"过来人"，对各种安全问题更关注，也更有经验，因此来自他们的安全忠告也更有实用性。

可惜，有时父母和老师在给予我们一些关于安全方面的提醒和叮嘱时，我们总认为他们很唠叨，会感到不耐烦，甚至会在心里暗想："听这些还不如背几个单词、做几道题呢！""听这些唠叨还不如玩一会儿手机呢！"殊不知，这些充满爱意的"唠叨"中，往往包含着许多安全知识和自我保护的方法。在一些关键时刻，这些内容很可能就会成为你的保命方法。

除此之外，我们自己也要主动去关注各种安全知识，学习一些自我保护的方法，丰富自己的安全常识，从而最大限度地保证自己的安全。

三、具备保护自己的智慧和勇气

有些时候，我们一开始可能并没有发现危险，而发现危险时已经来不及逃脱。这时，我们不仅要有保护自己的意识和勇气，还要有保护自己的智慧和方法，依靠自己的聪明才智迅速而准确地做出自保措施。

比如，在遇到有人试图抢劫或非礼你时，你最好能理直气壮、义正词严地斥责对方。这样一来，对方的气焰就可能被你压下去，进而放弃对你的骚扰。一旦摆脱对方的纠缠后，就要马上跑到学校或家里求助老师或父母。如果暂时摆脱不了，则寻找机会向周围的路人求救，借助外界的力量来制止对方的恶行，保护自己的安全。

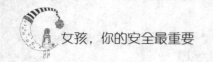

自尊自爱是保护自己的基本前提

2018年9月的一天，江苏省靖江市公安局某辖区派出所接到了一个报警电话。电话是一个女孩打来的，女孩在电话中哭着声称自己被骗了。

派出所急忙派出警员找到这个女孩了解情况。原来，这个女孩名叫红红，17岁，在报警前不久，她在一个聊天软件上结识了一位陌生男子。两人一番热聊后，感觉非常投机，相识恨晚。于是，男子就以5000元为诱饵，约红红到某宾馆见面，想与她发生性关系。而红红自己也有"私心"，就是想通过这种方式赚钱，给自己换一部新的手机。

可是，当两人在宾馆见面后，男子却忽然拿出一张"警官证"，称自己是警察，接着又对红红一通说教，称这种行为是违法的，让红红写一份保证书。红红一下子被男子的行为吓坏了，急忙写下保证书。可当红红写完后，男子却突然提出要红红陪自己。红红强烈反抗，在一番挣扎后才逃出宾馆。

随后，红红在路边拨打了报警电话。民警根据红红提供的情况，很快就抓到了男子。一番询问后，发现他就是骗子，在网上购买了假警官证，想通过网络认识女孩，满足自己的私欲。最终，男子受到了应有的惩罚。

在这个案例中，可以说红红是个幸运的女孩，虽然被骗了，却是有惊无险，坏人也被绳之以法，得到了法律的惩处。但这也提醒我们女孩子，在生活中一定要自尊自爱，切不可用自己宝贵的身体和情感去换取一点点的"小恩小惠"，这是非常愚蠢的行为。一旦犯罪分子得逞，女孩失去的就可能是身心的健康，甚至还可能在与犯罪分子的对抗过程中失去生命。

我们都是一些涉世未深的孩子，而社会上的人心险恶程度远不是我们能想象的。那些善于揣摩女孩心理的骗子，总是能很精准地抓住我们的欲望所求，一旦我们一味地追求自己的欲望满足，就容易失去警戒之心，落入骗子的圈套之中。

自尊自爱是一个人建立健康人格的基石，也是一种对自己人格的重视和肯定的情感。女孩在成长过程中学会自尊自爱，其实就是尊重自己、爱护自己，从身体、仪表到行为、心灵，维护自己作为一个独立个体的尊严。

新闻中曾报道过这样一件事：上海市闸北区警察曾经破获了一起未成年女性参与卖淫和介绍卖淫的特大案件。案件中，一群不满 18 岁的花季少女，为了获得更多的零花钱，追求富足奢侈的生活，竟然心甘情愿地沦为卖淫女。

这起案件涉案人员达 20 多人，多数都为在校的中学生，甚至有两名女孩年龄都不到 14 岁。在这些女孩中，很多人的家境都很优越，但却对这样的钱色交易毫无羞耻之心。本来是在最美好的花季，却因为自己的虚荣和不懂自尊自爱做出了错误的选择，这一污点必将让她们悔恨终生。

不论在任何时候，做个自尊自爱的女孩才能更好地保护自己，不给坏人以可乘之机。那么，我们怎样才能做到自尊自爱呢？

一、不爱慕虚荣，不与他人攀比

不得不说，爱慕虚荣、爱与人攀比的女孩很容易被坏人引诱，误入歧途。实际上，任何一个女孩，首先应该思想独立，建立起正确的"三观"，才能为未来规划正确的方向，并作出正确的努力。

从这一点上讲，我们就要从升华自己开始，不贪慕虚荣，不与他人攀比物质生活，建立正确的金钱观，多关注自己的知识层面和内在素质。只有思想是正确的，言行举止才会朝着正确的方向发展。

因此，对于正处于青春成长阶段的女孩来说，控制自己的物质欲望，丰

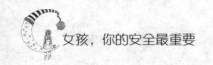

富自己的内心才是最重要的，多学、多看、多思、多拓宽自己的视野和眼界，让自己的生活充实起来，看到世界更大、更丰富的一面。等自己真正具备了足够的能力后，自然也就拥有了自己想要的东西。

二、举止得当，不做轻浮女孩

身为女孩，举止轻浮是对自己非常不负责的一件事，也是件很可怕的事。在朋友同学眼中，即使我们成绩再好，只要自身的言行举止不得当、不自重，就会被大家"另眼相待"。这样的女孩也很容易被一些居心不良的人"盯上"，从而给自己惹来麻烦，甚至给自己带来无法愈合的伤害。

所以，我们在言行上要做个有分寸的女孩，不管是跟同学交往，还是跟陌生人打交道，都要保持举止大方、不卑不亢，不与对方开过分的、不雅的玩笑，更不要与人动手动脚，动不动就靠在别人身上，更不可坐在、躺在别人身上，在行、走、坐、卧方面都要遵循一定的规范。尤其在夏季时，更要注意这方面的问题。

三、与异性交往要注意场所和时间

不管是与男同学、男老师，还是与其他男性交往，都要注意选择合适的场所和时间，一定不要选在晚上和阴暗、偏僻的场所，以白天在公共场所交往为佳，尤其注意不要在晚上与对方单独外出，避免让对方产生各种意向的幻想。如果需要到对方的住所见面，也一定先获得对方的许可，并且最好在有伙伴或家长陪同的情况下前往，并且不要在对方住所停留过长时间。

当然，我们不止要在异性面前做到自尊自爱，前面几点只是对我们平时表现的基本要求，而我们周围的人也会通过我们的言行来判断我们自身的素质。所以，时刻注意保持恰当的言行，养成良好的举止习惯，这也是我们保护自己的基本前提。

智慧的大脑是自护的有力保障

网上曾有这样一篇报道，山东省沂源县初二女生玲玲在早晨上学时，需要路过一片偏僻的工地。这天，玲玲走到这处工地上时，一名陌生男子突然从她身后冲出来，一手捂住她的嘴巴，一手用刀抵着她的脖子，把她拉到工地废墟的后面。

突如其来的遭遇，让玲玲惊恐不已，但她还是在心里不断提醒自己不要慌乱。为稳住歹徒，玲玲表现得非常配合，连忙说："叔叔，我现在身上没钱，你想要多少，我给你回家去拿。"

为了不被人发现，歹徒把玲玲拉到一个破旧的工棚里，开始询问她上几年级、家住哪里等，玲玲很聪明，一些无关紧要的问题她都如实回答了，而像家庭住址、家里电话号码等重要信息，她都说了假话。

正在这时，附近有人过来了，歹徒怕被人发现，就用手捂住玲玲的嘴，拉着她从工棚后面出去，往山上走。走了一段路，玲玲忽然发现山脚下有几个正在晨练的老人，于是就对歹徒说："叔叔，这里路窄，你拉着我走不快，我不敢跑的，你放开我自己走吧。"歹徒觉得玲玲很听话，于是就放开她，自己跟在后面。

玲玲瞅准歹徒一放松的机会，撒腿就往山下有人的地方跑，边跑边喊："救命呀——"歹徒发现有人朝这边看过来，急忙逃走了。

面对凶恶的歹徒，玲玲假装顺从，先让歹徒从心理上放松下来，同时积极寻找逃脱机会，最终得以自救。这是非常智慧的自救方式。

遗憾的是，很多女孩在面对危险时都不能理智面对，甚至明明危险已经

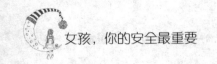

在身边还不自知，更别说用智慧的大脑保护自己了。

比如，2018年5月，河南省郑州市一位21岁的空姐李某，就在执行完飞行任务后，乘坐滴滴顺风车返回自己的住所途中惨遭司机杀害了。其实在车上时，她已经感觉有些不对劲儿了，当时还给自己的室友发信息，说："（司机）是个变态，说我长得好看，特别想亲我一口。"很显然，这已经是很危险的信号了，而她的室友也意识到了这一点，因此提醒她假装给朋友打电话，以便司机能知难而退，实在不行就想办法马上下车。可过了一段时间，室友因为不放心给女孩打电话时，女孩竟然对室友说"没事了"，随后就挂断了电话。之后不久，女孩就遇害了。

我们现在已无法确定，如果李某在察觉到司机的不轨后马上下车，是否能及时阻止悲剧的发生，但可以确定的是，女孩的直觉明明已经给她敲响了警钟，她却忽视了自我保护这一点。

当遇到危险时，很多女孩都会被突如其来的意外吓得乱了阵脚，但越是这种时候，我们越要控制自己惊慌的情绪，这样才能为自己寻找到摆脱危险的机会。其实，犯罪分子在作案时内心也是很恐慌的，这就给女孩自救提供了机会。

所以，面对危险降临时，女孩一定要善于运用自己聪明的大脑，灵活机智地与对方周旋，从而争取最大的机会，让自己从危险中脱身。

一、一旦被坏人盯上或跟踪时，要快速反应

有些女孩一旦被坏人盯上或跟踪时，要么后知后觉，完全不知危险已在周围；要么就会害怕地尖叫，或者漫无目的地奔跑。这些都是很危险的。

聪明的行为是先确定自己周围是不是真有危险存在，或对方是不是真有问题。比如，你可以从街道的一侧穿越到另一侧，看看对方是不是还跟着自己。如果不管你怎么走，对方都跟着，那你就可以确定自己已经被坏人盯上了；或者对方已经很明显地对你表现出恶意，如上面案例中乘坐出租车时的空姐李某。

这时，我们一定要快速做出反应，确定自己所处的环境，然后向人多的地方移动。如果能顺利混入人群，再及时寻找周围的警察、保安等人员求救，那么我们的安全概率就会提升。你也可以寻找机会用电话、信息等向家人、朋友求助，请家人、朋友帮忙报警，为自己的安全争取时间。

二、人身自由受到限制时，要表现出"配合"的态度

如果我们不幸被坏人控制了，千万别和坏人硬碰硬，更不要开口就说"我要报警，让警察抓你"或"要是让警察抓住，你就完蛋了"类似的话，这样只会激怒坏人，让对方做出更加不理智、伤害你的行为来。

相反，表现出乖顺、听话的态度，适当地表现自己的恐惧，并表示愿意"配合"对方的样子，反而会降低我们在坏人眼里的威胁感，让对方对我们放松警惕，这样我们才能寻找到自救的机会。而一旦发现逃脱机会，就要在保证自身安全的前提下迅速逃脱，切不可后知后觉，错失良机。

在逃生过程中，如果被坏人穷追不舍，你还可以瞅准机会采取一些"非常手段"。比如，故意破坏周围人的东西，抢陌生人的手机摔在地上，砸坏旁边店铺的物品等，以此引起旁人的注意和介入，促使他们"替你"报警。而坏人是最怕警察介入的，一旦发现周围人报警，自然就会放弃对你的追击了。

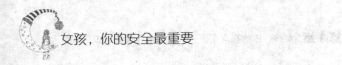

培养应急、应变能力，做自己的守护者

2019 年 5 月的一个周末，14 岁的福建安溪女孩小乐独自在家写作业时，忽然听到隔壁房间传来窸窸窣窣的响声。小乐有些害怕，就悄悄地起身从门缝向外看了看，结果发现一个戴着鸭舌帽、穿着一身运动衣的陌生男子正在隔壁房间翻动柜子。

小乐马上意识到，家里进来小偷了。虽然她心里很害怕，但却没有声张，而是赶紧把自己房间的门反锁，然后让自己迅速冷静下来，用微信悄悄通知父母。

过了一会儿，小偷可能在隔壁房间没翻到什么值钱东西，竟然想进入小乐的房间。但一转动把手，发现门反锁了，就站在门外不停地转动把手，试图用蛮力把门打开。这可吓坏了屋子里的小乐，她躲在桌子后面一动也不敢动，只能在心里不停祈求小偷赶快走。

小偷拧了半天门没成功，可能也担心家里突然回来人，只好灰溜溜地离开了。听到小偷出去的声音后，小乐马上打电话报了警，这时父母也赶回来了。在小乐的描述下，同时又调取了周围的监控录像，民警很快就锁定了嫌疑人。

两天后，犯罪嫌疑人李某被抓获。

小乐的做法得到了民警的肯定，同时也给我们做了一个好榜样。当遇到危险时，一定要具备一定的应急、应变能力，在保证自己自身安全的前提下，及时寻求外界帮助。可以说，小乐不仅守护了自己的安全，还为警方提供了必要的线索，她的做法值得我们学习。

网络上有这样一句话："你永远不知道明天和意外哪个先到来。"虽然听上去有些残酷，但事实的确如此。很多事情和意外都是突如其来的，让我们意想不到，如果不会及时变通，很可能就会让自己陷入困境和危险之中。而女孩在遇到危险时又容易惊慌失措，这也会错失自我保护和自我救助的良机。所以，在面对危险时，我们一定要先强迫自己冷静下来，再积极寻找自救的机会。

比如，我们试着让自己深呼吸，并暗暗告诉自己："不要怕！""我可以应对！""我要先稳住他……"这些自我暗示的方式可以慢慢让自己的胆量和自信增加，同时增加自我保护的可能性。

而为了让自己在遇到危险时具有应急、应变能力，我们平时也可以与父母、同学等一起准备一些"突然袭击"，培养和锻炼自己应对危险和意外情况的能力，以防万一，做自己最有力的守护者。

通常情况下，我们培养自己应急、应变能力的方法有下面几种：

一、对陌生人保持警惕，同时牢记各种重要信息

女孩在外出时，一旦遇到陌生人搭讪，必须要保持警觉，不要轻易给对方带路，更不要吃对方递给你的任何东西，也不上陌生人的车子等。同时还要牢记父母、老师、朋友等人的名字、电话号码、地址等，并清楚自己所在地区的派出所、报警点的位置。如果不幸遇到危险事件，就要寻找一切机会通知父母、老师、朋友或报警。

二、锻炼动手能力，多掌握一些工具的使用方法

技能方面的能力培养也很重要，很多女孩在动手方面都存在短板，嫌脏、嫌累、嫌麻烦，这种心理可能会让你错过很多技能培养的大好机会。要知道，一些技能很可能会在关键时刻保护你的安全，比如打绳结、使用各种刀具的

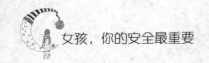

技能等。所以，我们要在日常跟着父母、老师多多学习，如果有需要时还可以自己上手，多加练习。

与此同时，我们还要适当增强自己的体质和体能，它可以有效地帮助我们在遇到危险或受到暴力侵害时及时逃脱或进行正当的防卫。

三、磨炼自己的性格，让自己在面对危险时沉着冷静

作为女孩，我们不仅要储备一定的技能和自救的技巧，还要磨炼自己的性格，学会在面对危险时迅速冷静下来。否则，在惊慌失措的状态下，只会让头脑发蒙，完全不知道自己该干什么、如何自救。即使你掌握了很多动手技能，在这种状态下也很难发挥出来。

所以，我们平时要培养自己遇到问题先沉静下来的习惯，学会安抚自己的情绪，不断提醒自己冷静思考、冷静面对，以便自己的大脑能在关键时刻积极、专注地运转，寻找最佳的解决问题的方法，而不是一团乱麻，不知所措，任由状况越来越糟糕。可以说，冷静的状态也是我们保证自身安全最有效的心理状态。

总而言之，只要我们培养了足以应对各种突发事件的能力，就能在真正遇到危险时想到很多解决方法，这无疑也增加了我们解决困难的概率，从而更好地保护自己不受伤害，安全脱身。

危急时刻，记得运用求救电话和信号

2015 年 2 月的一天凌晨，安徽省安庆市迎江区的一个女孩张某，在自己家中被破窗而入的歹徒丁某劫持。

原来，丁某是个无业游民，因为囊中羞涩，便经常在大街上四处游荡，看看能不能碰上"好运气"，弄点钱度日。有一天晚上，他在瞎逛时正好碰见了下班回家的张某。丁某见张某穿得非常体面，很像有钱的样子，就跟踪了她几次，摸清了她的住处，还发现张某是一个人居住。

在踩好点后，一天半夜，丁某便顺着防盗窗爬上了张某住所的楼上，撬开窗户，进入张某的房间翻找值钱的东西，没想到惊醒了张某。于是丁某劫持了张某，还威胁"敢叫就杀了你"。

张某见状，急忙改变策略，向丁某求饶，表示愿意把家里值钱的东西拿出来，只要丁某不伤害她，她还故作镇静地坐下来跟丁某聊天。经过一番交谈，丁某渐渐放松了警惕，见时机成熟，张某就称自己饿了，提出叫个外卖一起吃。丁某同意后，张某忙暗中拨打了 110，并在电话中坚持表示："我出不去，你给我送上来吧！"这引起了警方的注意，警方在电话中问清了张某的地址。

十几分钟后，民警就赶到了张某的住处，将张某成功解救出来，丁某则当场被警方抓获。

张某能在慌乱之中仍然保持清醒，先稳住歹徒，然后用订外卖的方式成功报警，并准确说出自己所在的位置，最终保全了自己，真的是一个非常机

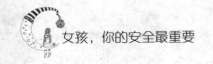

智的女孩。

在生活中，我们都知道"遇到危险找警察"，但并不是所有女孩都知道该如何报警找警察，更不知道如何发出一些有效的求救信号和信息。遇到危险时，很多女孩都会头脑发蒙，不知所措，慌乱得不知该说什么、做什么。就算是有报警或求救机会，可能也只会大喊"救命""快来救我"，该说的重要内容反而全忘了。很显然，这是不可能实现自救的。

通过案例中张某的表现，我们应该能够受到一定的启发，就是在危急时刻，不能只顾着害怕、叫喊，如果自己的能力暂时不能实现完全自救，就要记住各种求救信号和电话，然后寻找机会进行求助，并在求助过程中阐述清楚自己的所在位置、体貌特征等，从而借助更有效的力量来帮助自己摆脱危险。

通常来说，在遇到紧急情况向外界求助时，我们可以这样做：

一、熟记并会拨打各类紧急呼叫号码

为了应对生活中出现的各种紧急情况，全国都设有相应的紧急呼叫号码，如报警电话 110、火警电话 119、急救电话 120、交通事故救助电话 122 等。并且这些电话都是免费的，即使你的手机停机了，同样能够打通。当然，在多种情况下我们只需拨打 110 就能获得帮助，但若能准确地拨打更具针对性的求助电话，会让你在最短时间内赢得更有效的救助。

当然，如果我们不方便透露自己的信息，却又不得不求助时，还可以利用另一个号码进行求助，这个号码就是 12110。这是我国公安机关统一的公益性短信报警号码，是 110 报警电话的补充，以短信形式呈现的辅助性报警方式，一般用于非紧急事件的报警。但在一些特殊情况下，比如遭遇绑架、劫持，或在公交车、出租车等狭小空间内，不方便拨打报警电话时，就可以使用 12110 这个号码来进行短信报警。短信信息会立即接入各市公安局 110 指挥中心，接警员也会根据短信内容做出相应的处理。

二、能够准确描述自己当时的状况

有些女孩遇到危险时，也会想起拨打 110 或 119 等，可接通电话的第一句话却是："救命啊！""我受伤了，赶快来救我啊！"之后再也不能提供什么有效信息了。在这种情况下，救援人员很难在第一时间赶往你所在的地方，对你实施救助，甚至还会因为时间延误而增加你自身的危险。

案例中的女孩张某就做得很好，她在报警时不仅成功传达出自己身处危险之中的信号，还将自己所在的位置准确告知警方，从而使警方能以最快的速度赶到自己所在的位置，对自己实施救助。

三、学会使用一些特殊的求救信号

在一些特殊情况下或复杂的场所中，即使有机会拨打报警电话，也可能会在与警方通话时引起坏人的注意，给自己招来危险。在这种时候，我们就要学会使用一些特殊的求救信号，比如，用警方能听懂的"暗语"来传达自己希望得到救助的信号。就像案例中的女孩一样，利用"订外卖"的方式向警方表示"我自己出不去"，并且不断强调"你给我送上来吧"，从而成功引起警方注意，让自己成功得救。

此外，根据大量真实案例来看，利用到银行取款、乘坐出租车等时机，很多人也得以求助成功，并最终脱离险境。因此，如果我们不幸被坏人困住、挟持，在保持镇静的前提下，一定要趁坏人松懈之际积极寻找求助机会，让自己成功摆脱险境。

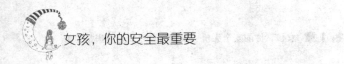

保护自己，防范带有恶意的坏人

2016 年 11 月，就读于日本东京法政大学的 24 岁中国留学生江歌，被闺蜜刘某的前男友陈某用匕首杀害，由此引发了社会反响强烈的"11·3 留日女生遇害案"。

江歌和刘某原本是室友，两个人的感情也很不错，而陈某是刘某的前男友。在案发前几个月，刘某和陈某一起租住在一所公寓里，后来由于两人之间经常发生矛盾，便分手了，之后刘某搬入江歌的住处，与江歌一起住。

分手后的陈某多次找刘某复合，都遭到刘某拒绝。于是，陈某便经常以跟踪、威胁的方式，试图逼刘某跟自己复合。刘某感到害怕，平时上学或打工回住所时，都让江歌陪自己一起来回。

案发当天晚上，江歌和刘某一起回住所，正准备开门时，陈某突然出现，挟持了江歌，试图逼刘某开门。但刘某没有及时开门，由此导致江歌被陈某杀害。

2017 年 12 月，江歌被杀一案宣判，陈某被判处有期徒刑 20 年。

虽然陈某已经为自己的恶行付出了代价，但一个正值美好年华的女孩却因此失去了生命，给家人留下了无尽的痛苦，实在令人惋惜。

江歌一案的是非曲直，作为外人，我们只能相信主流媒体的描述，审判的个中缘由我们也无从知晓。但这个案件却提醒我们，作为女孩，不论在任何时候，都要学会防范他人的恶意，保护自己，做好自己的守望者。在这个信息爆炸、物质极其丰富的社会里，我们每天都面临着各种各样的安全问题。

想要不被伤害，安全意识时刻都不能放松。

20 世纪，英国著名哲学家路德维希·维特根斯坦在他的著作《哲学研究》中提出，如果用盒子里的甲虫来比喻一个人头脑中的感受，如疼痛、爱、快乐、悲伤等，那么每个人都无法通过交流完全与别人分享和展示自己的经历，我无法看到你盒子里的甲虫，你也永远看不到我盒子里的甲虫。

在路德维希看来，在语言私有的情况下，一些感觉可能只存在于自己身上，别人永远无法理解。这时，如果你还试图与对方进行有效沟通，理解对方的感受和体会，几乎是不可能的。

回到现实之中，我们也就能理解，为什么一些坏人会带有巨大的恶意，甚至不顾被伤害者所遭受的折磨。我们虽然可能不会对对方造成什么伤害和威胁，比如案例中的江歌，对于陈某来说就是个没有任何威胁的人，但是，这并不能阻止陈某的恶意爆发。

可见，作为个体相对柔弱的女孩来说，保护自己，防范那些带有恶意的坏人，是多么重要的一件事。

一、做好自己分内之事，不断提升个人修养

不论在任何时候，女孩做好自己，认真学习，提升个人的综合素养，都是没有坏处的。因为当你自己在不断变好的同时，你所在的周围环境也会变得越来越好。

比如，当你拥有更丰富的学识和更广泛的兴趣时，那么你所出入的展览馆、博物馆、影院等场所，就会是更正规、更安全的，你也无须再混迹于一些街头市井、歌厅、酒吧等鱼龙混杂的场所。同时，你也不会再通过深夜买醉来发泄情绪，控诉对生活的不满，而是将时间和精力投入到更有意义、更利于个人成长的事业上。这种环境的转变，可以在很大程度上增强我们的安全感。

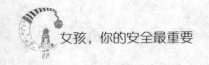

二、寻找与结交志同道合的朋友

在与人相处时，一定要保持真诚的态度，因为当你真诚待人时，你所接触到的才会是与你志同道合的朋友，或者至少是能够友善待人的朋友。如此一来，当你遇到困难或危险时，才会有给予你真正帮助的朋友。这种较高层次的朋友群体，也会决定你能够远离那些不怀好意的"朋友"所带来的伤害和危险。

三、多关注各种真实案例，提高自己的警惕心

在课余时间，我们可以通过观看新闻或上网等渠道，了解社会上一些伤害性案件的发生原因、过程、结局等，吸取其中的经验教训，提高自己的警惕心。同时，这种方式也能帮助我们更准确地识别坏人，建立更强大的防范意识，毕竟在任何时候，害人之心不可有，但防人之心不可无。保护好自己，才是最硬的道理。

时刻谨记"生命最珍贵"

2019 年 10 月，就读于国内顶尖学府的女生包某服药自杀。虽然医院全力抢救，但还是没能挽回她年轻的生命，在昏迷了半年多时间后，这个年轻的女孩被宣告死亡。

在包某自杀后，警方开始全力调查她的自杀原因，调查结果却令人不寒而栗。原来，包某有一个男朋友，在两人恋爱期间，男友一直对包某进行精神控制，不仅经常对女孩使用大量侮辱性的言语，在精神上虐待、打击包某，还经常以各种威逼利诱的手段让包某屈从自己，不许跟自己分手。

包某原本是一位性格开朗、温柔的女孩，并且个性独立，学习成绩也十分优秀，然而自从与男友相恋后，就在对方各种精神控制和打压下一步步陷入自我怀疑、自我否定，最终以自杀的方式结束了自己花季般的生命，实在令人叹息。

在这个案件中，包某的男友自然有不可推卸的责任，一个原本前途光明的女孩，马上就要完成大学学业，开始全新的人生，却因为一场恋爱失去了生命。这样悲惨的结局，很大一部分原因是源于她遇到了一个"渣男"。但同时这个案件也提醒我们，当我们遇到了超出自己解决能力范围的问题时，一定要及时向外界求救，因为不论任何事件都不会比生命更重要。为了所谓的"爱情"付出生命的代价，实在不值得。

事实上，生活中经常有一些对自己的生命不懂珍惜的女孩，遇到危险时也容易忘记生命的重要性，曾经有一篇新闻报道称，一位在外地打工的女孩

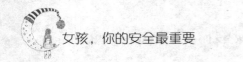

被歹徒诱骗到一栋高楼的楼顶上，在歹徒试图施暴时，女孩为捍卫自己的贞操，毫不犹豫地从五楼跳了下去。经过医生的全力抢救，女孩虽然保住了性命，但却因此导致高位截瘫，后半生不得不在轮椅上生活。

很多人也许会鼓吹女孩的勇敢和保护贞操的行为，但谁又能体会她和家人的痛苦呢？女孩不仅从此失去了做母亲的权利，还给家人带来了高额的债务和沉重的负担。

所以，不论遭遇何种重大的危险，女孩都要时刻记住：生命是最珍贵的！与金钱、贞操等相比，只有生命才是无价的，你只有唯一的一次拥有机会。只要生命还在，不管你失去什么，都有机会让自己重新开始。如果我们用"1"来表示生命的话，那么其他所有的钱财、物品、你喜爱的东西、喜欢做的事等等，都是"1"后面的"0"，只要"1"还在，后面的"0"才有意义；一旦失去了"1"，它后面的"0"不论有多少，都是毫无意义的。

那么，我们要怎样做才算珍惜自己的生命，以及更好地保护自己呢？

一、锻炼身体，让自己的身心更健康

都说生命在于运动，而合理的运动不但能锻炼我们的身体，让我们的身体更健康，还能让我们的精神和情绪更积极、更愉悦。尤其对于女孩来说，锻炼身体不但能愉悦身心，更重要的是，当我们不幸遇到危险时，好的身体还可帮助我们更顺利地逃脱。因此，我们一定要注意锻炼身体，让自己成为一个健康、积极、阳光、乐观的女孩。

除此之外，女孩还可以学点儿防身术，当不幸陷入困境时，能让自己竭尽全力还击歹徒。但由于生理原因，女孩的体力要弱于男性，所以防身时一定要注意把握时机、出奇制胜，确保自己能够稳、准、狠、快地攻击对方要害部位。哪怕不能制服对方，也可以为自己制造出逃离的机会。

比如，你的拳头、手指可以攻击对方的脸部、眼部；你的头部可用来顶撞对方的下巴等部位；你的膝盖对对方的脸部和腹股沟撞击很有效；也可以用脚飞快地踢对方的胫骨、膝盖和裆部，同样具有显著效果……

在攻击的过程中，最好设法在对方身上留下一定的伤痕，便于后期警方的追查和辨认。

二、多学知识，丰富自己的大脑和内心

很多时候；一些女孩之所以容易陷入极端，往往是因为对很多问题看不开、看不透，以至于被一些并不重要的小事左右了心智和情绪。

所以，作为一个女孩，我们一定要注意提升自己的知识水平，多看书、多学知识，让自己的大脑和内心丰盈起来。只有当我们的体能、智力、潜力等都提高后，我们才能成为更好的自己，也才能更全面、客观地看待一些问题，让自己的心胸和视野变得开阔起来，从而在一些特定的情况下，更好地保护自己不受伤害。

三、经营好自己的圈子，让自己的感情更丰富

都说女孩是水做的，多愁善感，这其实是说女孩或多或少都会受到身边环境的影响，进而变得或开朗，或忧愁，或婉约。尤其对于正处于成长阶段的女孩来说，因为自身心智还不成熟，看待问题还不全面，更容易受到外界的影响。

这也提醒我们，要认真经营自己的"朋友圈"，多与积极、乐观、自信的人接触沟通，不断丰富自己的内心世界，提高自身修养，增长自己的才干，让自己成为一个坚强、独立、乐观而自信的人，不轻易被外界不好的环境或事件影响。

总而言之，生命是我们最宝贵的东西，每个人只有一次。它不仅是有限的，更是脆弱的。也许我们现在还小，还体会不到自己离死亡很近，但事实上，世间每天都有意外发生，死亡更是存在于每分每秒之中。比如车祸、火灾、

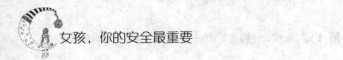

绝症……当这些发生在我们周围的时候，我们就会发现，活着比什么都重要。

　　当然，生命确实是很脆弱的，但它也很坚强。没有人能够想到明天的自己会是什么样子，既然我们无法预测未来、控制未来，那就要利用现有的这些时间，去做更多有意义的事和自己喜欢做的事，让自己的人生更充实、更精彩。

第2章
青春可以飞扬，但不可"放肆"——保护自己的身体隐私

对于任何一个青春期的女孩来说，身体都正在进行着一场"巨变"，不仅开始散发出青春的气息，对情感的渴求还会让许多女孩想要涉足两性世界之中。然而，青春可以飞扬，却不能"放肆"，尤其是要对自己的身体负责，不仅要懂得爱护身体的健康，还要通过正当的渠道，以科学的方法认知自己的身体，保护自己身体各方面的隐私，为自己的身体穿好各种层面和意义上的"铠甲"。

学习青春期知识，科学认识你的身体

在河北省廊坊市某个小区，邻居们发现，一个十多岁的小女孩经常跑到小区门口的便利店去买零食，有时还会抱出来一堆玩具。

刚开始大家谁也没留意，觉得小女孩就是去里面买东西，后来大家慢慢发现，小女孩每次都拿很多东西出来，但从没见到她的家长陪她一起去。而且大家也听说，这个女孩的家境并不太好，妈妈经常生病住院，爸爸在外面干体力活，赚点微薄的工资维持家用，所以也经常不在家。

直到有一天，一个邻居去便利店买东西才发现，女孩每次在便利店拿回家的东西根本不是买的，而是便利店老板免费"送"的，但便利店老板也不可能白白送给她，而是每次都要求女孩脱光衣服，任由他猥亵。

后来便利店老板被抓获后交代，女孩一开始也是抗拒的，他就骗女孩说："女孩长大后都要被摸，只有这样，以后才会长得更漂亮，身体才会更健康。"懵懂的女孩就信以为真，结果受到了严重侵害。

十几岁的女孩，对自己的身体缺乏正确的认知，更缺乏保护意识，不知如何守护自己身体的安全与健康，甚至用身体来"换取"自己喜欢的物品，这是件很可悲的事情。

在我们国家，了解自己的身体似乎是个很敏感的话题，很多女孩哪怕心

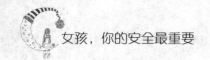

里很想了解自己的身体，也都是通过一些其他渠道，比如偷偷看一些关于身体发育方面的书，或者上网偷偷查阅相关的资料，很少能大大方方地通过阅读正规书籍去探索和发现。

实际上，我们完全不必这样，学习一些有关青春期的知识，了解和认识自己的身体，是一件再正常不过的事了。身体的变化包括内在变化和外在变化，很多变化都属于正常的成长过程，但如果我们没有通过科学的途径了解，就可能接收到一些错误的信息，甚至对身体的某些正常变化产生心理波动。相反，尽早通过正确渠道去学习和了解，就越能理性地看待自己身体的成长与改变。同时，我们也可以通过这种方式了解青春期的其他知识，以及青春期时心理会发生哪些变化，这些变化是如何引起的，等等。这些可以帮助我们平稳地度过青春期。

所以，如果你想学习有关青春期的知识，科学地了解自己的身体，建议你这样做：

一、通过阅读正规书籍了解

根据一项对中学生性知识文化的调查，我们得知：有 91% 的男生和 92% 的女生都不了解关于青春期和身体发育的知识，对青春时期身心的成长和发育都存在疑惑，希望通过专业渠道来获得解答。而大多数孩子最终获得的解答，有 70% 多是通过自己从一些书籍、报刊或影视作品中获得的一知半解，但又无法分辨对错。还有 20% 的孩子是从同学、朋友的讨论中得知的，同样不知道这些答案的正确与否。

其实，我们完全不需要对青春期和身体发育方面的知识有任何避讳，当我们进入青春期后，就大大方方地到书店购买一些正规出版社出版的有关青春期和身体发育方面的专业书籍来阅读，从中获得最科学、最专业的答案，而不是从各种报刊、影视剧或他人口中获得一些并不科学的解答，这不仅不利于我们正确了解自己的身体发育与变化，还可能接收到一些错误的知识。

二、正确看待青春期时身体发生的变化

一般来说，女孩从 13~23 岁都属于青春发育期。在这期间，女孩的身体会发生很多变化，其中最明显的变化就是长高和体重增加。

从成长方面来说，进入青春期的女孩身高会快速增长，一般平均每年会长高 6~8 厘米，长得快的甚至会长高 10 厘米。同时，体重也会增加，一般平均每年会增加 4~5.5 千克。体重的增长，所反映的是女孩的肌肉、骨骼和内脏感官的增大等，所以这也是身体发育的一个重要标志。认识到这两点，女孩就能对自己忽然间变高、变胖有了科学的认识，而不再认为只有纤瘦、娇弱的身材才是正常的。

与此同时，在青春发育期，女孩的生殖系统也会逐渐发育成熟，性器官进入迅速发育期。尤其在 12~18 岁这个阶段，女孩会出现青春期第二性征，主要表现为体毛出现、乳房隆起、臀部变大等。而随着生殖系统的逐渐发育成熟，女孩还会迎来月经初潮，这也是女孩身体即将发育成熟的标志。在这个阶段，女孩一定要注意保护自己的身体，不要过早有性行为，甚至怀孕等。这些都是非常损伤身体的，严重的甚至会引发妇科疾病，甚至成年后出现不孕现象等。

总而言之，青春期的身体变化是每个女孩成长过程中的必经阶段，我们要做的就是多通过正确途径学习有关青春期的知识，了解身体所发生的各种变化，不要被一些不正规的报纸、杂志、影视作品等引入歧途。同时，当我们有疑问时，也可以多与妈妈沟通，从妈妈那里不仅能获得亲切的关怀，缓解我们面对种种变化而产生的紧张心理，还能获得一些有益的"经验"，从而帮助自己顺利地度过这段"不平静"的青春岁月。

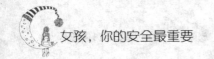

任何人都无权随意触碰你的身体

　　2017 年 8 月的一天，在南京南站的候车室里，有一家人似乎正在等车。这家人中除了父母二人外，还有一个男孩和一个女孩，似乎是兄妹两人。其中，男孩看起来十五六岁的样子，女孩十二三岁。而让周围人大跌眼镜的是，男孩坐在座位上后，竟把身边的女孩拉到自己的大腿上坐下。不仅如此，男孩还公然将自己的手伸进女孩的衣服里，不断抚摸女孩的胸部！而女孩却全程表情麻木地玩着手机，似乎不觉得这种行为很不妥当。

　　虽然周围候车的人不清楚这四个人到底是什么关系，但仍然觉得两个孩子在大庭广众之下做出这样的动作很不合适，也很不可思议，因此纷纷投以异样的眼光。可能是这家人发现周围人的目光很"不友好"，才起身匆匆离开了。只是不知道这个女孩是不是已经习惯了男孩这样对她，整个过程都没有任何不悦或反抗行为。

　　现在很多女孩都太单纯，也可能是不在乎，当有人对自己动手动脚时，不知道如何判断对错。事实上，不管是女孩，还是其他人，每个人都是自己身体唯一的主人，任何人都不能随意触碰。从法律角度来说，每个人的身体都属于自己的"私有财产"，没有经过你这个主人的同意，任何人随意触碰都是违法的。

　　但是，如果你这个主人都不知道保护自己的身体，不知道拒绝那些可能给自己身体带来伤害的举动，那么别人是没法给你更多帮助的。如果再像案例中的女孩那样，面对别人对自己身体的侵犯，一点也不知道反抗，那么就会让不怀好意的人产生更多想入非非的念头，甚至会得寸进尺，做出更加过分的侵犯举动。

现在，我们经常会在网络或新闻报道中看到这样的消息：父母花高价为女孩请了家庭教师，没想到家庭教师却趁着为女孩补习的机会触摸女孩的身体，占女孩的"便宜"。有的女孩会当即表示拒绝，或进行激烈反抗，并及时告知家长，老师就可能不会得逞；但也有的女孩慑于老师的淫威不敢作声，或者跟家长说后，家长不相信，结果老师就可能越来越肆无忌惮，最后甚至性侵女孩，给女孩的身心造成严重伤害。

可见，女孩一定要注意保护自己的身体，从很小的时候就应该知道，当有异性抚摸我们的胳膊、胸部、屁股等部位，或者让我们脱衣服进行一些惩罚时，都属于侵犯我们的身体隐私。如果对方让我们去摸他的身体，或他的生殖器官时，他的行为就是严重的性侵行为，是触犯了法律，要受到法律制裁的。

所以，作为女孩，我们一定要掌控好自己身体的主动权，做自己身体的保护者。一旦有人恶意触摸你的身体，一定要大声拒绝，并寻求帮助，不给坏人任何可乘之机。具体来说，我们可以这样做：

一、注意与对方保持安全距离

拿案例中的女孩来说，十二三岁的女孩早已有了"男女有别"的意识，也应该知道与男孩保持适当的距离，所以她完全可以拒绝男孩的拉扯，自己坐到其他座位上，与男孩保持合适的距离，而不是坐在男孩的腿上。但她可能在第一次被男孩侵犯时，就不知道要拒绝对方，要与异性保持界限，因此才会让男孩得寸进尺。而她自己对此也越来越麻木，甚至毫不在乎。试想一下，在大庭广众之下男孩都会做出这样的行为，在家中、在无人之处，又会如何呢？

这就提醒女孩们，要避免被异性随意触碰身体，就要注意与对方保持一

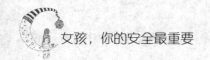

定的安全距离。如果因为外界环境限制，不得不挤在一起，也要尽量保护好自己的隐私部位，不要让对方"无意"中碰到。

二、熟人之间也不要随意触碰

有些女孩觉得，自己与陌生异性应该保持距离，与熟人就大可不必了。其实并非如此，即使是熟悉的异性，也要注意保持距离，因为在性侵案件中，恰恰有许多是熟人作案：熟悉的老师、家长的朋友、隔壁的邻居，甚至是自己的亲戚。

因此，越是熟悉的异性，我们越要注意不让对方触碰身体，避免那些心怀叵测的熟人利用彼此相熟甚至不错的关系让你放松警惕，让你陷入危险的境地。只有与对方有分寸、有距离地相处，才能最大可能地避免自己的身体被侵犯。

三、一旦被触碰，要及时明确地拒绝

有些女孩在被成人触摸或侵犯时，因为面对的是大人，如果这个人再对你进行语言威胁，那么你可能感到害怕，不敢声张，也不敢呼救，结果对方不但不会停止，反而还可能更加肆无忌惮。

所以，当有人真的触碰了你，让你感到很不适，你一定要及时明确地拒绝对方，哪怕对方说他"不是故意的"，你也一定要亮出自己的态度，让对方知难而退。或者自己马上离开，与对方保持距离，不给对方再接触到你的机会。只有你自己坚持原则，对方才不敢触碰你的底线，你也才有可能真正保护好自己。

身体隐私，那是你不可说的秘密

有一天，某心理咨询中心接到了一个女孩的电话。在电话中，女孩称自己是一位初中三年级的学生，现在遇到了一件烦心事，不知道该怎么办。

在心理咨询老师的引导下，女孩说出了自己的烦恼。

原来，女孩在一次跟朋友去外面的游泳池游泳时，不小心染上了妇科病。女孩没敢跟妈妈说，担心妈妈批评她，就让自己的好朋友琳琳陪自己去医院做检查。医生在给女孩检查后，确诊了女孩得了妇科炎症，给她开了一些药，嘱咐她平时多注意卫生就行了，不是什么大问题。

女孩以为这就是件小事，很快就过去了，没想到几天后，她竟然发现班里几个人经常偷偷地盯着她窃窃私语，似乎在议论着什么。

于是，女孩就找机会问了一个参与议论的同学，她们是不是在议论自己？同学告诉她，女孩的朋友琳琳跟大家说，女孩不知道洁身自爱，在外面跟男生鬼混，染上了妇科病，现在大家都觉得她是个"不干净"的女孩。

案例中的这个女孩，出于对朋友的信任，将自己的身体隐私告诉了对方，没想到却被朋友"出卖"。当然，并不是所有的朋友都会这样，而且能这样做的也实在不配"朋友"二字，但同时这个案例也提醒女孩，身体隐私是属于我们自己的秘密，如果遇到麻烦，首先去寻求父母帮助，切不可随便透露

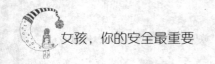

给别人。

实际上，生活中经常有些女孩会忽略自己与别人之间的距离，自己有什么事情、有什么东西都喜欢与别人分享，尤其是与自己信赖的朋友分享。哪怕是身体上的一些秘密或隐私，也会告诉朋友。殊不知，这是一种危险的行为，很容易被一些不道德的人利用起来"大做文章"，严重损害你的名声。

每个人的身体隐私都应该是属于自己的"绝对秘密"，可能只有我们最亲近的父母才能知晓。你的身体什么样，有哪些特点，或者患了哪些特殊的病症，自己知道即可，不必拿出来与别人分享。哪怕是在某些特殊情况下，就像案例中的女孩，不小心患上了妇科病，也尽量不要寻求除父母和医生之外的其他人的帮助，让其他人发现你的身体隐私。

这个问题其实还涉及朋友之间的相处之道，每个女孩都有自己的朋友、闺蜜，平时互相帮助、互相鼓励，偶尔还会分享一些"小秘密"。但是，无论多亲密的朋友，当涉及身体隐私时，我们都要"自私"一点，不能什么都对朋友全盘托出。在与朋友相处时，最好能遵循下面几条原则：

一、做个能守住"秘密"的人

不管与多好的朋友相处，我们都要守住一些自己的小秘密，切不可事事都畅所欲言，有些秘密你自己知道就行了。

当然，如果朋友向你透露了一些秘密，我们也不必用自己的秘密或隐私去交换，以表明自己的"真心"。相反，你还要及时提醒朋友："这些秘密很重要，尽量不要告诉别人，你自己知道才是最安全的！"同时，我们也要帮助朋友保守她的秘密，不要转告别人，更不可大肆炫耀，因为别人也没有权利去探究和窥伺。

二、发朋友圈时要谨慎

现在几乎每个人都有自己的朋友圈，一些女孩也喜欢在朋友圈中发些自己的心得体会等，有时还会晒晒自己的照片。这本来是没什么问题的，但是，有些女孩却将自己的朋友圈当成了自己的秘密展示地，有什么小秘密都会发在上面。

当然，在朋友圈发什么内容那是你的自由，但是，你的朋友圈也可能成为别人窥伺你隐私的窗口。有些人甚至会"随手转发"，把关于你的一些秘密和隐私转发给其他人。一旦被不怀好意的人盯上，你就可能陷入危险的境地而不自知。

三、一旦发现自己的隐私被人侵犯，一定要坚决反抗

每个人都拥有自己的隐私权，身体隐私也属于我们的隐私权之一，一旦发现你的身体隐私被别人传播出去，你一定要坚决反抗，并警告对方，不许再继续传播你的隐私，将传播途径切断。必要的时候，你甚至可以勇敢地拿起法律武器来维护自己，让随意传播他人隐私的人受到法律的惩处。

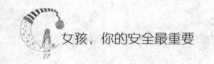

公众场合，做个穿着得体的女生

　　2018 年夏天，高一年级的女孩小魏在下午放学后，因为自行车坏了，只好乘坐公交车回家。

　　那天的天气非常热，小魏上半身穿了件无袖的 T 恤，下面穿了一条到膝盖上面的短裤。上公交后，车上的座位已经坐满了人，小魏只好找了个稍微宽松的地方站着。不一会儿，她忽然感觉有人在摸自己的腿，刚开始以为是错觉，是别人不小心碰到了，她就往前挪了挪。可是很快，小魏发现仍然有人在摸她的腿。小魏这才向周围看了看，忽然发现身后座位上坐着一个中年男人，眼睛正色眯眯地上下打量着她。

　　小魏胆子比较小，这一看吓得她心跳加速，赶紧往车门口移动。正好这时车也到站了，小魏匆匆忙忙就从车门口跳了下去，那个男人竟然还从窗口向外直勾勾地看着她。

　　有调查表明，在夏季时，穿着清凉的女性很容易成为"咸猪手"下手的主要目标，而作为弱势群体的中小学生更容易被"咸猪手"骚扰侵害。曾经有个报道称，在成都市的一个小山村，一个五六岁的小女孩被邻居家的一个老头性侵，当警方抓获犯罪嫌疑人，问他为什么这么做时，他称自己看到小女孩衣着暴露、皮肤细嫩，便起了色心。

　　在一些公共场所和僻静的地方，女孩也容易受到骚扰甚至侵害，一般像车站、公交车上、电影院、溜冰场、礼堂、教堂等场所，一些不轨分子都会趁人多拥挤时骚扰女孩。如果女孩着装不符合当时的情境，会更容易引起别人的注意。这些注意虽然不全是恶意，可能只是周围人对"与众不同"者的一种关注，但不能否认的是，在这些情况下，也很容易让一些心怀不轨的人对你产生恶意，所以才会经常有"咸猪手"在密集的人群里去触碰骚扰他有机会能接触到的人。

当然，由于夏天天气炎热，人们的穿着都简单明快，衣服面料也比较薄，身体裸露部分较多。尤其是近年来不少女孩追求时髦，或者展现自己完美的身材，在一些公共场合着装也比较暴露，如穿着露背装、低腰裤、超短裙、超短裤等。殊不知，这样的女孩极易给心怀不轨的人传递一种错误的信息，引起对方的注意，进而成为对方下手的目标。这也是导致性骚扰事件、恶性流氓事件频频发生的主要原因。

河南洛阳一位家长说，他在街上经常见到一些小学五六年级的女孩，苗条纤瘦，时尚漂亮，但打扮十分成人化，身上的衣服很暴露。虽然穿得很时髦，可看起来总觉得不舒服。他说："我不知道大家都是什么看法，但女孩着装太成人、太暴露，看起来总不太舒服。成人这样打扮都可能引起一些人的争议，何况孩子呢！如果只是图凉快，这样的穿着也会影响孩子的审美观和身心健康，最主要的是会引起一些居心不良、道德败坏的人的注意，甚至可能对这些女孩伸出罪恶之手。"

说到这里，女孩应该清楚了吧？在公众场合，应该选择合适的服装，穿着得体，而不能只考虑衣服的漂亮、凉爽。这既是为了展示自己美好的形象，更是为了保护自身的安全。

因此，作为女孩，在日常着装时应注意下面几个问题：

一、分清自己所处的场合

当我们在一些公众场合时，一定要分清这个场合是怎样的，是严肃的课堂，还是拥挤的马路？是人挤人的交通工具，还是安静的图书馆？……在不同的场合，我们的穿着也要有所不同。

比如，在一些相对严肃、安静的场合，像教室、图书馆、博物馆、教堂等，

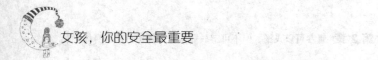
就要穿一些较为正式的服装，如校服、休闲的长袖长裤等；在比较轻松、热闹的场合，如宴会、庆祝活动现场等，可以选择轻松活泼的服装，如过膝的裙子、短袖和及膝的短裤等；而在乘坐公共交通工具时，最好选择宽松的长袖、长裤等。这样根据自己所处的不同场合穿衣服，不但能让你快速融入当下的环境，还不容易被特别的人所注意，保护自己的安全。

二、选择符合自己年龄的衣服

女孩在着装时，一定要选择符合自己年龄的衣服，尤其是在一些公众场合。青春时期的衣服通常都以轻松、舒适、活泼、明亮为主要特点，不要刻意去追求衣服的薄、露、透、短。如果我们认真观察一下身边的女性，就会发现，那些沉稳大气、穿着"高级"的女性，所穿的衣服都不会裸露着大片皮肤或过分地展露身体曲线，更不会把内衣露在外面，这样的装束也让她们看起来赏心悦目，并且很难让人产生邪恶的想法。

对于青春时期的女孩来说，我们也要穿出符合自己年龄的气质来，大方、活泼的着装往往比那些前卫、大胆的着装更能体现出你的素质和教养，同时也为自己的人身安全增加了一块防护的盾牌。

给自己设定一个"安全距离"

一位家长讲述了这样一件事：

有一次，我的一位朋友带着她 13 岁的儿子来我家玩，因为很长时间没见了，我们便在客厅聊天。朋友的儿子就跟我女儿一起在房间玩游戏、看电影。我女儿 10 岁，从小就很喜欢跟朋友家的儿子一起玩，还亲切地叫他"小哥哥"。

晚上朋友走后，女儿突然跟我说："妈妈，今天在跟小哥哥玩游戏时我输了，小哥哥突然跑过来搂住我，亲了我一下，我当时吓了一跳！"

说实话，当时听了女儿的话，我也吓了一跳。我忙问女儿："那你怎么做的？"女儿说："我把他推开了，让他不要靠近我，更不要亲我，后来他就没再这样做了。"

我当时又急又气，幸好我之前多次教育女儿，不要让异性离你太近，要保持一定的距离，确保自己的安全。而这一次女儿原本也离朋友家儿子有一定距离的，只是朋友家儿子突然跑过来搂住女儿，让女儿一下蒙了，但她还是及时制止了对方，让对方没再做出进一步的行为。

为安抚女儿，我对女儿说："你做得很棒，及时制止了小哥哥，还告诉了妈妈。这件事你没有错，只是以后再跟小哥哥见面，你要更当心些，别再出现这样的情况。"女儿点了点头。

这位家长和女孩的做法都很值得点赞，也值得女孩们学习和借鉴。其实，不管是孩子还是大人，人与人之间相处都要有一定的安全距离。

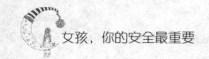

曾经有科学家将人类个体空间的需求分为四种距离：公共距离、社交距离、个人距离与亲密距离。而根据人与人之间关系的不同，彼此间的距离也各有差异。但是，不论哪种距离，只要我们与对方相处时感到真正的舒适，那么彼此间的距离就是合适的；否则，我们就会感到不舒服、不安全或被冒犯。

在上面的案例中，女孩之所以及时制止了"小哥哥"的行为，就是源于她感觉自己与对方距离被打破了，这让她产生了不适感。而这种制止也是非常有必要的，因为这就向对方传达了一个信息："你突破了我的安全距离，你冒犯了我，你必须马上停止！"基于这样的"警告"，男孩即使想再有进一步的动作，也不敢轻举妄动了。

当然，女孩的妈妈首先是个很懂得距离感的人，知道人与人之间相处需要保持安全的距离，并将这种观念传达给女孩，让女孩从小就建立了一个属于自己的安全距离，保护着自己的身体安全。这也提醒了更多的女孩，我们每个人都应该给自己设定一个自我感觉安全的距离，以保护自己的身体不受触碰和侵犯，维护自己的身体隐私。

那么，我们该怎么做呢？

一、理解什么是"安全距离"

要设定一个安全距离，首先你要知道什么是安全距离。简单来说，这个距离就是你能够轻松自如地掌控自我，不会因为他人的靠近和干扰而影响到自己的意愿或行为。

比如，在乘坐公交车时，如果你发现车上还有空位，一般都会选择周围没人或人少的位置，而不会去和别人挤座位。这其实就是个安全距离问题，在周围没人或人少的位置上，你会感到更轻松、更自如，既不怕影响到别人，也不用担心别人影响你。

所以，当你明白了什么是安全距离后，就给自己设定一个这样的安全距离。有了这个安全距离，你就能理性地隔开自己与他人的距离，不会给人一种没分寸、没界限的感觉，别人对你也会更尊重。

二、到底多远才算"安全距离"

俗话说，"距离产生美"。在与人相处时，合适的距离不仅不会引起误会，还会让彼此更舒适、自然。当然，安全距离是没有统一标准的，只要你感觉与对方保持的距离能让你轻松、自然，那么这个距离就是你的安全距离。

一般来说，在公众场合，人与人之间的距离在 4~8 米是最理想的，因为这个距离会让人产生一种"视而不见"的感觉，彼此间也不会产生任何影响和任何关系。

而对于个人来说，一般以一只手臂的长度为合适的安全距离。也就是说，当你伸出手臂刚好能碰到对方，这个距离就算是安全距离。这个安全距离通常在 45 厘米左右，最远不超 1.2 米。这也是最适合女孩与人相处或交谈时的安全距离。

当然，如果是亲人之间，或者很要好的朋友之间，距离还可以适当缩小一些，一般以 15~45 厘米最常见。这样的距离几乎可以用"亲密"来形容了。

了解了以上几种安全距离后，你就可以根据实际情况为自己设定一个安全距离了。当设定后，就要认真遵守，尤其注意不要让人随便突破你的"亲密"距离，因为这个距离可能会给你带来危险，或者引起他人的误会。

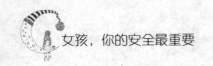

面对猥亵、性骚扰，理智地处理

2016 年 12 月的一天，15 岁的女孩悠悠到南京找朋友玩。下车后，她按朋友发给她的地址打了一辆出租车，并坐在了副驾驶的位置。

没想到，当车开到一段偏僻的路段时，司机忽然把手伸过来，摸了摸悠悠的大腿。悠悠吓了一跳，但没敢吭声，只是向车门处靠了靠，离司机距离远了一些。

司机看了悠悠一眼，说道："小姑娘，紧张啦？"见悠悠没搭话，司机竟又把手伸过来，一把握住了悠悠的手，还用力往自己身上拉。悠悠吓坏了，大声叫道："松开我！"

司机没想到悠悠会大叫，手一下缩了回去。就在这时，悠悠手机响了，她急忙接起电话，原来是朋友问她到哪了。悠悠急忙在电话里说："小静，你来接我了？好，好，我马上就到你说的位置了，马上下车，你让叔叔把车开过来吧！"

朋友听得一头雾水，但悠悠已经挂了电话，随机对司机说："我朋友已经来接我了，我要在这里下车。"司机见周围人也比较多了，只好停车，让悠悠下了车。

不得不说，案例中悠悠是个聪明机智的女孩，在面对司机的骚扰时，通过一通"电话"让司机主动退却，从而使自己从危险中全身而退。试想，如果她只是一味地反抗喊叫，或者接电话时也没有说出那些话，那么最后的结果就很难预料了。

如今，猥亵、性骚扰等现象已逐渐成为社会关注的焦点，有调查显示：受到过不同形式的猥亵、性骚扰的女性超过 70%，被迫听过黄色笑话的女性有 50%，被人电话"骚扰"的女性有 40%，曾被人偷窥过的女性有 10%。这说明，女性在各种各样的场合都可能面对猥亵、性骚扰等。而对于花季时期的青春女孩来说，遭遇这些侵害无疑都会严重影响到身心健康。

但是，在面对坏人的猥亵、性骚扰时，女孩大声喊叫可能并不是最好的自救方式，甚至还可能给自己带来更大的危险。

2017 年 7 月，在北京市通州区的一辆公交车上，一位女乘客被一名男子猥亵，女乘客勇敢站出来，大声斥责男子，并说要拍下照片上传到网上，没想到男子狗急跳墙，掏出一把刀就去砍女乘客。即使男子很快被车上其他乘客制服，女乘客也没出现生命危险，但这件事却在社会上引起了一阵恐慌。

从以上这些案例可以看出，女孩在遭遇猥亵、性骚扰时，必须冷静、理智地处理，学会运用智慧让相对弱小的自己挣脱魔爪，安全自救，下面的几种方法供你参考：

一、尽量向安全的地方躲闪

其实，当遭遇坏人骚扰时，几乎每个人都会下意识地向安全的地方躲闪，这是人在面对危险时的一种本能反应。比如，在公共汽车上遭遇"咸猪手"时，我们会从原来的位置上移开，寻找相对安全的地方"躲开"，或者提前下车。这种行为就相当于给坏人一个警示，告诉他你已经发现了他的恶劣行为，一些胆小者这时可能就会收手了。而且在躲开后，你也获得了相对安全的空间，此时不管是呼救还是投诉，你都相对比较安全。

有些人可能觉得这种行为不够勇敢，太胆怯了，事实上，相对那些坏人来说，我们女孩仍然属于弱者。如果以硬碰硬，看起来很勇敢，但很大概率会吃亏，甚至招来更大的危险。所以，躲闪并不是不勇敢，只是用最安全的方式来保护自己不受侵犯和伤害。

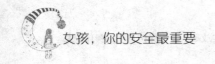

二、用谎言"骗"过对方

在面对猥亵或性骚扰时，有时想躲可能也躲不开，比如在封闭的环境里，或者在无处可躲的地方等，这时我们就可以借鉴案例中悠悠的做法，用谎言"骗"对方。

比如，有的女孩在遭遇侵犯时会"撒谎"说自己患有传染病，如果对方不停止，就可能会传染给对方；还有的女孩会提出跟对方去个"安全"的地方，一旦瞅准机会，就会快速逃脱并报警……从这些女孩身上，我们可以多学习一些自救的智慧，从而在遇到危险时最大程度地保护好自己。

三、用暗示或警告的方式让对方停止侵犯

还有一种处理方法，就是用暗示或警告的方式让对方停止侵犯，比如用眼神表达你的不满。如果对方并没有因此而收敛，可以直截了当地提出语言警告："你想干什么？""把你的手拿开，这让我很不舒服！"把你的拒绝态度明确而坚定地表达出来，表示你对他的言行感到厌恶。多数情况下，这样的暗示或警告可以让对方停止自己的恶行。最重要的是，你的言行降低了与性有关的敏感度，这往往容易令对方无法再下手，继而选择放弃。

这里要注意，当你在警告对方时，切不可激怒对方，比如大声斥责对方："你这个变态！""你在性骚扰，我要报警！"这时，不管多无耻的猥亵或性骚扰者，都会感觉难堪。为了挽回自己的面子，他可能会抵赖，甚至污蔑你，对你恶语相向，让事态变得无法收场。

综上所述，虽然猥亵者和性骚扰者的行为很令人不齿，但女孩在自救时一定要将自己的安全放在第一位，不要为了摆脱对方而当众斥责、讽刺、挖苦对方，或者揭露对方的隐私，这样很可能激怒对方，将自己置于更加危险的境地，不利于自身的安危。

熟悉的异性也要有防范心理

网上有这样一则新闻：

2018 年 7 月，贵州省怀仁县 15 岁的初中女孩小谢，因为上课时被老师批评，一气之下逃课回家了。当小谢到家门口时发现，原本出差的爸爸提前回来了，她害怕被爸爸责骂，就又跑到楼下，在楼下瞎溜达。

这时，住在小谢家隔壁的无业游民陈某刚好从外面回来，看到了小谢，就过去搭讪。由于平时很熟悉，小谢对陈某也没什么防范，就跟陈某聊了起来。

过了一会儿，陈某说外面太热了，就"好心"地邀请小谢去自己家坐坐，等到了放学时间再回家，小谢也没多想就同意了。

到了陈某家后，陈某却突然强行抱住小谢，欲行不轨。小谢拼命反抗，陈某对她百般威胁。幸运的是，小谢的喊叫声惊动了隔壁的邻居，邻居过来敲门询问，陈某才不得不放小谢走。小谢回到家后，把自己的遭遇告诉爸爸，爸爸立刻报警，陈某很快就被抓获了。

女孩在进入青春期后，与异性相处总会存在一定的暧昧气息，不管这个异性是熟悉的还是不熟悉的。作为女孩，在只有自己一个人的前提下，一定要具备防范心理，即使是面对自己熟悉的异性也是一样，不要随意与对方去任何可能与外界隔绝的空间，更不要随意去对方的家里。这并不是说每个熟悉的异性都不值得信任，只是一旦对方有不良居心，单独相处时就可能给我

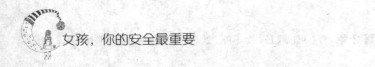

们带来安全威胁。

说到这里，可能一些女孩不以为然，说："我就是性格活泼，喜欢与人交朋友，世界上哪有那么多坏人！""我胆子很大，根本不怕什么坏人。""我们都认识好几年了，特别熟，怎么会发生哪种事呢？"……事实上，越是有这些想法的女孩，越容易成为心怀不轨之人关注的目标。如果不加小心，发生在小谢身上的事就可能在这些女孩身上重演。

所谓"人言不足信，只可信三分"，还是有一定道理的，但是，与异性交往又是我们人际关系中不可避免的事。那么，作为青春期的女孩，我们怎样与异性更有分寸地相处呢？

一、尽量不与异性单独见面和相处

虽然生活中大部分环境都是开放和安全的，我们与他人交往也相对正常，但是，我们也总会在某些时候不得不与异性单独见面或相处。比如，熟悉的邻居请你到家中帮忙，老师在放学后留下你补课，好朋友邀请你一起出去玩，等等。因为与对方熟悉，我们很容易降低防范心理，殊不知，这些情况都有可能隐藏一些潜在危险。我们经常能在网上看到这样的新闻：某男老师借着给女孩辅导作业的机会，对女孩采取不雅之举；某女生跟朋友外出被侵犯；等等。

所以，如果你不得不与异性单独见面和相处，首先要具有一定的防范心理，其次要在行动上做好准备。比如，尽量由自己选择见面地点，并且要选在相对开放的场所见面。

在去见面时，也可以让一位好朋友陪同你一起去；如果不方便带朋友一起，也可以事先通知朋友或家人，或请朋友、家人在就近的地方等待。

如果与对方见面的地点比较封闭，如办公室，那么你进去后可以让门打开，或站在门口，保证外面的人能看到你。

如果是去邻居家，则要选择邻居家中还有其他人在的时候去，尽量不要与异性邻居单独在家见面。

二、选择合适的时间见面或相处

在与异性见面时还要注意一点，就是要选择合适的时间，尽量不要选择晚上去。如果不得不在晚上见面，要么请家人或朋友陪同前去，要么自己做一些必要的保护措施，比如穿的衣服要遮好身体，随身携带一些防护工具，如带有尖头的小物品、喷雾类的小工具等，或者你认为能让自己在逃脱时有帮助的小物品。

在见面时，还要做到长话短说、简洁明了，不要跟对方聊起来没完没了，也不要谈论一些与交谈主题无关的事情。在与对方沟通完后，就表达出自己想要离开的意思，然后尽快离开。

三、与家中熟人交往也要注意分寸

有些时候，家中的亲戚朋友等往往会以自己与女孩熟悉亲近的借口，对女孩拉拉扯扯、搂搂抱抱，甚至带有一些不轨行为。比如，女孩的叔叔伯伯、表兄弟、姐夫或其他同族亲戚等，都可能会打着喜欢女孩的名号，对女孩动手动脚。

遇到这种时候，如果你感到不舒服，或者他们的行为已经触到了你的隐私部位，你一定要严词拒绝他们的言行，并且远离他们。如果父母因此觉得你不懂事、不听话，你就要将实情告知父母，切不可为了面子忍气吞声，这只会助长对方的恶行。只有尽早遏制他们的这些行为，才能避免自己日后遭遇更大的伤害。

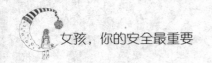

遭遇"性暴力"后，请你这样做

　　2015年8月，正在放暑假的大二女生小孙，因为在家闲着无聊，就想寻找一份兼职，赚点零花钱。于是，小孙就在网上发布了求职信息。

　　第二天，一位姓张的男子便联系了小孙，自称女儿正在读初二，想找一位家庭教师，问小孙能不能做？小孙很高兴，做家教不但轻松，时间还比较灵活，于是便一口答应了对方。

　　两天后正好周末，小孙便按约定时间来到了张某家中。当时家里只有张某一人，张某声称女儿去姥姥家了，一会儿就回来，让小孙等一会儿。但小孙等了半天，张某的女儿也没回来，小孙就想离开，没想到张某却堵住了房间门口。

　　随后，小孙被张某拉到卧室强奸。张某还将小孙囚禁起来，期间多次对小孙实施性侵。

　　小孙失踪后，家人很快报警，警察也根据家人提供的线索很快锁定了张某，张某被成功抓获，小孙被解救出来。

　　但是，这次不幸的经历给小孙留下了巨大的心理阴影，让她一蹶不振，甚至不得不辍学，接受心理治疗。

　　2016年9月26日，世界避孕日主题宣传活动中发布了《大学生性与生殖健康调查报告》，其中显示，青春期是发生性暴力或性骚扰的高峰时期，童年期与大学后遭遇的性暴力或性骚扰情况基本持平。同时显示，有35.1%的调查对象曾经遭遇过基于性别的性暴力或性骚扰。

从遭受的性暴力或性骚扰的形式来看，以"关于性的言语上骚扰"最常见，其次是"被他人强行亲吻或触摸隐私部位"以及"被他人强行脱掉衣服，暴露隐私部位"。从性别来看，女性与男性遭受的性骚扰比例差不多，有34.8%的女性都遭遇过性骚扰或性暴力，而男性遭受性侵比例为35.6%。

从以上数据可见，性暴力或性骚扰确实是青春期女孩尤其注意的一件事。有些女孩很不幸，成立遭遇性暴力者中的一员，就像案例中的小孙一样，这给她们的身心造成了严重的创伤，有的女孩甚至因此患上了严重的心理疾病或精神疾病。

那么，女孩一旦遭遇性暴力，该怎样调整自己，让自己尽快从这种糟糕的状态下走出来呢？

一、寻找一个释放情绪的合适渠道

什么是性暴力呢？

世界卫生组织给"性暴力"所下的定义为：无论当事人双方是何种关系，以及在何种情形下（包括但不限于在家里和工作中），任何人通过强迫手段使另一方与其发生任何形式的性行为、企图发生性行为、令人厌恶的性暗示或性骚扰、买卖行为或其他另行说明的行为。

因此，性暴力的行为是多种多样的，女孩可能从对方的言语、行为或环境中感受到不同性暴力带来的冲击。而性暴力事件发生后，恐惧、愤怒、羞愧等不良情绪就会包裹着受害者，此时女孩心理所承受的折磨要远远比身体上的疼痛更可怕。只有尽快将这些坏情绪释放掉，女孩的生活才能逐渐步入正轨。

要让自己从这种糟糕的情绪中走出来，女孩就要寻找一个合适的宣泄出口，不能因为别人的错误而压抑、惩罚自己。比如，你可以找个空旷的地方，用力喊出来；或者让自己运动起来，通过运动缓解压力；你还可以在安全的地方摔打软的枕头、靠枕等，以此将内心最痛苦的情绪发泄出来，不让这种情绪对你造成二次伤害。

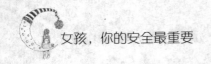

二、树立正确的认知

有些女孩遭到性暴力后，就会觉得这是一件极不光彩的事，而周围一些人也可能会对女孩议论纷纷、指指点点，如："她就是不检点，才被强奸的！""苍蝇不叮无缝的蛋，都是自找的！"……

众口铄金，积毁销骨。在这种情况下，如果女孩没有正确的认知，即使扛过了被性侵的苦楚，也会被周围人的流言蜚语所淹没。

因此，女孩一定要对自己遭受的性暴力树立正确的认知，必须明确一点，自己并没有错，错的是实施性暴力的人。不能因为别人的信口雌黄就自己否定自己、贬低自己，把自己看成是个坏女孩，为别人的错误埋单。

三、向有经验的心理咨询人员寻求帮助

应对性侵，最无效的方式就是尝试忘记，例如不报警、不寻找他人帮助，想自己一个人默默承受，当作从未发生过这件事……事实上，这种逃避的态度反而会让我们更加孤独、痛苦。

所以，女孩一旦遭遇性暴力，造成了心理创伤，就要尽早寻求专业人士的帮助，如有经验的心理咨询师。他们往往可以从不同的方面或更专业的角度给予女孩有力的支持，让女孩不再孤独、无助。而且，他们还可以运用自己的专业知识缓解你的痛苦，协助你尽早走出糟糕的情绪，振作起来，重新迎接新的生活。

总而言之，时间是治愈伤痛的最好良药。人生难免有些不好的、让我们意料不到的事情发生，这是我们左右不了的，但不论怎样，黑暗的日子总会过去，只要我们不自暴自弃，相信自己，随着时间的推移，当我们的思维方式、生活状态等逐渐发生改变后，心情也会随之变得明媚起来，从而继续去迎接明天的光明。

第 *3* 章
青涩的情感最珍贵——跟青春期烦恼说 "bye-bye"

　　青春期的女孩，对情感总是充满了美好的憧憬，会对异性产生好奇或好感，这也是女孩人生中最纯洁、最美好的一个阶段。然而在这个阶段，如果女孩不能很好地处理自己的青涩情感，就可能招来很多烦恼，甚至走上歧路。所以，我们要认真处理自己青春期期间的各种情感，让自己顺利、安然地度过青春期。

对男生有好感，就是爱情吗

　　一位高一年级的女孩在某平台上分享了自己的一段经历：

　　刚刚升入高中，分到新班级，我就被班里的一位男生吸引了。在我眼中，这个男生高大、英俊，还总是一副酷酷的样子，不喜欢跟别人搭讪。而最让我喜欢的，就是他打篮球时的样子。我经常偷偷坐在看台远处看他打球，他的每一个跳跃、每一次投球，都让我心动不已。感觉能这样静静地看着他，我每一分每一秒都幸福极了。

　　他的学习成绩也很好，于是我就借着向他请教问题的机会，跟他"套近乎"。慢慢我才发现，他是个很热情、很乐于助人的大男孩，经常在学习上鼓励我、帮助我。

　　就这样，我每天都想看到他，每时每刻都想关注他的一举一动。我很不解，这难道就是所谓的"爱情"吗？我难道真的恋爱了吗？其实我也没别的想法，就是每天能看到他，静静地待在他身边就行。

　　相信很多女孩都有过类似的体会吧？对班里或学校里某个男生有好感，希望时刻能看到他，觉得他很帅、很可爱。有些勇敢的女孩，可能还会主动去"追求"自己有好感的男生。

　　那么，这是不是就是爱情呢？

　　事实上，进入青春期后，不论是男孩还是女孩，身体和心理都会发生变化。第二性征的出现，思想意识的逐渐成熟，独立意识也大大增强，这往往会让

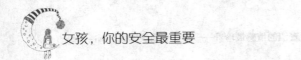

青春期的孩子对异性充满了好奇，所以这时女孩就会在心里偷偷幻想自己的"白马王子"。而一旦某个男孩比较帅气、幽默、友善，就可能引起女孩的好感。这是青春期时的一种非常正常的情感，它并不是真正的爱情，最多只能称之为"有好感"。

所以，案例中的女孩对班里的那个男孩产生明显好感，并不是什么不好的事，也不能称之为"恋爱"，那只是一种美好的感觉。而真正的爱情是一种高于自身生命价值的情感，你会心甘情愿、义无反顾地为对方付出，甚至付出生命。但很显然，青春时期的女孩在年龄、阅历和心理上，都不足以担负起这样的情感。所以，女孩不要混淆了爱情与好感的区别，哪怕真对某个男孩有好感，也算不上爱情。

那么，当我们对某个男孩心生好感时，该如何处理这种情感呢？

一、自觉学习有关青春期的知识，认清自己的情感

当我们开始关注异性时，说明我们的个人情感已经开始发育。此时发现自己对某个男生有好感，是再正常不过的了，这恰恰意味着我们的情感发育是正常的。

那么，我们要怎样处理这种情感呢？是任由它发展下去吗？

并非如此。这时，我们应该尽快查阅一些关于青春期情感发育方面的书籍，学习一下里面的相关知识，帮助你认清这份情感的性质，解答青春期情感发育中的疑惑。而且，这些书籍还会给我们提出一些建议，科学地引导我们进行自我成长，从而让我们的情感朝着健康、积极的方向发展。

二、将这份情感埋藏于心灵深处，不让它过度影响到你

当感觉自己开始在意某个男孩时，有些女孩会感到恐慌，甚至忍不住胡思乱想。就像案例中的女孩那样，担心自己是"爱"上男孩了，结果不但会影响学习，还会增加自己的心理压力。

其实，就算你对某个男孩产生了好感，也不用过分紧张，因为这是一种很正常的情感。你要做的就是将这份情感埋藏在内心深处，同时将对对方的好感转化为尊重和鼓励，使其成为你们互相学习、共同进步的动力。这样一来，这份情感不仅不会给你带来什么负面影响，反而还会促使你更好地将精力投入到学习和培养各种能力之中。

三、用更有意义的事情转移自己的注意力

如果你担心自己的注意力过分集中在对方身上，影响你的学习，你也可以寻找一些其他更有意义的事情来转移自己的注意力，比如，参加一些课外活动，结识更多优秀的同学；多参加集体活动，如勤工俭学、社会考察、参观访问等，通过这些活动分散自己专注在一个人身上的精力和情感。

当你接触的世界逐渐变大后，你就会发现，世界上还有很多有趣的人、有趣的事，等待着你不断去探索、去追求。而你的心也会在这个过程中逐渐恢复平静，去寻找更多感兴趣或释放精力的东西，而不再纠缠于眼前这些明显不成熟的情感之中了。

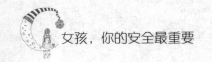
友谊可贵，但你也要懂得界限

　　正在上初中三年级的女孩小于最近遇到了一件烦恼事，她发现班里的同学总是在背后对她指指点点的。有时她明明看到几个女生在聊天，可当她过去想加入时，却发现大家立刻散开了。当她问她们在聊什么时，她们又忙说："没聊什么，没聊什么。"

　　后来，小于私下找到跟自己关系比较要好的女孩，问她到底怎么回事。女孩这才告诉小于说，班里的女生都觉得小于跟班长走得太近了，"一起上学，一起回家，就像一对恋人一样，还说你们背后肯定干'坏事'了。"女孩告诉小于。

　　小于这才知道，原来大家都误会她和班长了。其实她和班长的家离得不远，班长的英语成绩很好，小于的英语最近有点"拖后腿"，所以她就主动找到班长，请班长帮自己补补英语。而且班长人也很好，热心、幽默，小于觉得这个朋友"很值得交"，加上小于本身也大大咧咧的，和班长在一起时也有点无所顾忌，没想到被大家误会了。

　　青春期的女孩在与男孩相处时，容易产生两种极端情况：一种是女孩对男孩处处设防，不敢"越雷池半步"，生怕引起对方误会，或招来别人的非议；另一种刚好相反，对男孩表现得过分热情、亲密，好像有说不完的话。

　　出现在女孩身上的这两种情况都不难理解，第一种情况是与异性相处过于谨慎了，谨慎到连朋友都不敢做，这样的女孩在长大后，与异性相处也容易出现问题。而第二种情况中，虽然女孩与异性有了交往，但却没有把握好相处之道，也没有把握好相处的尺度和界限，既有可能引起对方的误解，也可能引起周围人的误会。

实际上，在进入青春期后，异性之间相互吸引、相互喜欢是正常现象。尤其是女孩，会渴望引起异性的注意，与异性交往，这也就是我们常说的异性相吸。而且，青春期女孩也需要从异性身上学到自身欠缺的东西，只要女孩对自己有清醒的定位，把握好自己与异性之间的界限，是完全可以与异性大大方方相处的。

说到这里，可能有人说，男女之间是不存在绝对纯真的友谊的。其实这种说法是错误的，也是狭隘的。人与人之间的情感有很多种，而与异性之间的关系也不仅限于恋情，还可以有关爱、欣赏等。而且异性间的交往也并非只有恋人，还可以是同学、朋友、师生等多种人际关系。所以，青春期的女孩是完全可以与异性建立纯真的友谊的，只是友谊虽然可贵，我们也要懂得界限才行。

一、不与异性有过分亲密的行为

我们经常会看到一些女孩，在与异性在一起时，举止很不恰当，比如穿得很暴露，随便说一些轻浮、粗俗的话，或者动不动就挽住对方的胳膊，与异性拉拉扯扯，甚至坐在对方身上。

在这些情况下，不管你与对方之间是否存在友谊，友谊有多深，你在对方的眼中都会成为一个轻浮的女孩，因为你突破了异性间相处的界限。而你的以上举动也会给人造成误会，从自我保护的角度来说，是非常不利的。

二、不要随便将异性带回家

有些女孩觉得，既然自己跟某个异性是朋友，那么把朋友带回家是正常的事，没什么大不了。事实并非如此，如果你独自在家，即使熟悉的异性前来，也可能产生不轨之心。而且在自己家中出事的话，外人还不易察觉，所以，

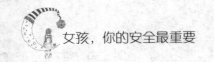
即使你与对方关系很"铁"，也不要随便把对方带回家中。

不仅如此，当我们单独在家时，还要注意锁好门，不随便给敲门的人开门，不管是快递、外卖还是其他什么人，都不是你随便开门的理由。如果是送东西的，你可以让对方把东西放在门口；如果是其他事情，则表示会联系家长后再回复对方。如果门外的人仍然纠缠不走，坚持要你打开房门，你也可以报警寻求帮助。

三、以尊重、礼貌的态度与异性相处

上面说了，女孩不宜与异性过于亲密，更不宜把异性带回家，那么女孩怎么与异性朋友相处呢？最好的相处方式，就是以彼此尊重、平等、礼貌的态度真诚相待。

首先，不管是女孩自己，还是与女孩相处的异性，每个人都是独立而有尊严的个体。在相处时，女孩既不让自己处于弱势地位，也不要一副高高在上的姿态，而是与对方彼此尊重，平等地相处，有什么问题就大大方方地提出来，该互相帮助时也大大方方地去帮，这样做既与对方保持了合适的界限，又培养了我们正常的社交能力。而且，这种做事大方、有界限感和有自尊感的女生，往往也更容易赢得异性的尊重和友谊。

收到"情书"，如何巧妙处理

刚上高二年级的薇薇是个漂亮又有些内向的女孩，平时跟男生很少说话，然而有一天，她却收到了一封"真情告白"。

课间，班里的一名女生走过来，递给微微一本书，还朝她做了个鬼脸。薇薇有些惊讶，不知道女生是什么意思，而且这本书也不是自己的。

怀着忐忑的心打开这本书，薇薇发现书里面夹着一张小纸条，上面写道："薇薇，我在意你很久了。也许你没有注意到我，但我一直默默地喜欢着你……姜维。"

微微的脸"腾"地一下就红了，她快速把书合上，坐在桌前完全不知所措。姜维是班里的体育委员，高大英俊，很受女孩子欢迎，但薇薇一直觉得自己很普通，又不爱说话，所以很少主动与姜维交往，没想到姜维竟然喜欢自己，这可怎么办呀？

女孩到了青春期后，身体发育逐渐成熟，很容易吸引周围男生的注意。尤其是漂亮、活泼的女孩，经常会收到男孩写来的告白情书。从一定角度来说，这也是青春期的男孩女孩在用文字表达自己内心最纯真的情感。而当一个情窦初开的女孩收到异性递过来的情书时，总免不了会耳红心跳，这也是正常的心理现象。

但同时，很多女孩在面对异性写给自己的"情书"时完全不知所措，就像案例中的薇薇一样。任何一个女孩被异性追求时，心情都是很复杂的，但更多的是开心，毕竟有人追求证明了自己的魅力。因此，有些女孩禁不住男

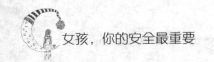

孩的甜言蜜语，接受了对方的追求；也有些女孩抱着"好玩"的态度，想要试一试；更有些女孩，出于"这么优秀的男孩都喜欢我"的炫耀心理，四处显摆。这些都是很不恰当的处理方式，甚至会给自己带来很多麻烦。

青春期的女孩，面对异性写给自己的情书，有着欲拒还迎的矛盾心理是很正常的，但也一定要理智对待。有一位网友曾在社交网站上上传了一张照片，内容是一张明信片。据上传者称，这是他的一名学妹给向她递情书的学长写的回复信，上面写道："学长：但愿同展韶华锦，挽住时光不许动。你的信我已收到，然则，距离高考还有 70 多天，我是一定会进清华大学的。你若真心想追我，就在清华给我写表白信吧。"

这个女孩的处理方式十分巧妙，既表明自己已经知晓学长的心思，又明确表明了自己的态度，但她并未直接否定对方的情感付出，而是激励对方与自己共同努力，一起相约在清华大学相见。

这样的处理方式也给更多的女孩提供了参考。事实上，青春期女孩对于情感尚未形成全面的认知，而且青春期也是我们学习的最佳时期，最好不要涉及情感的纠葛。所以，如果你收到了情书，建议你根据不同的情况，采取比较巧妙、比较恰当的方式处理。

一、如果对方是个品质很好、很有自尊心的同学

假如给你写情书的同学道德品质不错，很正派，也很有自尊心，那么你最好采取冷处理的态度。时间长了，对方也就知趣地退却了。

当然，对方也许会再次给你写信，那么你不妨给对方回一封信，感谢对方对你的感情，同时分析利弊，坚决地表明你的态度：我们只是同学、朋友，不会发展成为其他关系。一定不要给予对方模棱两可的回答，让对方产生误会。

二、如果对方是个品质不好的同学或校外人员

面对这类人对你的追求，一定要坚决回绝，明白告诉对方不要纠缠，你不需要给他回信，更不要赴约，用实际行动告知对方你的态度，不给对方任何可乘之机。

如果对方仍然纠缠不休，甚至恐吓你、半路拦截你，你可以告知老师或家长，请他们出面帮你处理。

三、规范自己的言行，做自己情感的主人

青春期女孩被男孩追求，确实表明了你的自身魅力，是件值得高兴的事。但是，我们也要检查一下自己的言行，看看是否有表现轻浮的地方，或者是否有表现不坚决、拖拖拉拉的地方，让对方误以为可以和你进一步发展，这必然会影响你当前的学习和正常生活。

所以，女孩平时一定要注意规范自己的言行，有意识地提醒自己注意和改正，用理智把握好自己，做自己情感的主人，让自己的青春期更加多彩、灿烂。

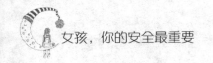

你的初吻无价，不要轻易"奉献"

　　15岁的小文是河南省洛阳市某中学的一名初三女生。在过15岁生日那天，她邀请了几个要好的同学到家里做客。当时文艺委员李浩也在，李浩还专门为小文唱了一首歌。

　　听着李浩为自己唱的悠扬动听的歌声，小文觉得自己一下子就"爱"上了他。生日会结束后，小文便跟李浩走得越来越近，直到有一天，李浩向小文表白说："小文，我喜欢你很久了，我们在一起吧。"小文欣喜不已，当即就答应了李浩的求爱。

　　有一天，李浩约小文去看电影，刚好电影是一部爱情片，小文看着李浩俊朗的面孔，情不自禁地主动亲吻了李浩，李浩也迎合着小文吻了上去……

　　第二天，小文刚到学校，就发现几个同学正暗中指着她窃窃私语。小文很纳闷，后来才知道，原来李浩在班里大肆宣扬，说小文爱上了他，还主动"奉献"了自己的初吻，自己一直以为小文是个矜持的女孩，没想她这么不检点……

　　这件事让小文受到了很大的打击，接连几天里都寝食难安，连学习都不能集中注意力了。

　　在一些女孩看来，与喜欢的男孩接吻就是他们相爱的证明，也是他们爱情之旅的开端。然而，在某些心怀不轨的异性看来，当你主动"奉献"了自己的初吻后，接下来他会做什么，就不是你能所预料的了。就像案例中的小文，原本以为自己跟李浩是"真爱"，接吻也是恋人间最亲密、最美好的事。殊不知，随随便便献出自己的初吻，很可能让对方觉得你是个随便、好骗的女孩，就像李浩评价小文一样，不但给自己招来很多意想不到的麻烦，还让自己的情感很受伤害。

也许很多女孩对李浩的行为感到不解，明明说喜欢自己，又跟自己在一起了，为什么回过头又那样贬低自己呢？

实际上，这个世界本来就存在着太多我们意想不到的事情，没人能真的确定，一个男孩跟你说"亲爱的，你是我的唯一""我们一定会天长地久地在一起""我们未来是要结婚的"等甜言蜜语的时候，你们就真的未来可期了。

我们经常会在网上看到一些报道，某某女孩因与男孩偷吃"禁果"后怀孕了，不敢告诉父母，让男孩陪自己到医院打胎，没想到男孩却跑了……这样的新闻既让人气愤，又让人叹息。所以，女孩一定要珍惜自己，即使遇到了自己心仪的男孩，也要控制好自己的情感发展，不让它那么快就发展到情难自禁的程度，接吻自然也不会轻易发生。而且，如果你将自己的主要精力和时间都用于学习和其他更有意义的事情上，自然也就不会被情感所困扰了。

因此，女孩一定要明白：

一、在太随意的爱情中，受伤的一定是女孩

无论是从生理角度还是心理角度，女孩都是爱情中脆弱的一方。比如，在一段亲密关系中，女孩既奉献了自己的初吻，还可能进入了亲密接触阶段，甚至有了肉体接触，这不仅对身体发育尚不成熟的女孩造成了一定的伤害，还可能会导致怀孕。这个时候，你打算怎么办？绝大多数情况下，女孩都会选择堕胎。而堕胎手术对于未成年女孩来说是非常危险的，甚至可能导致终身不孕。

而对于男孩来说，在与女孩接吻或发生关系后，新鲜感获得了满足，身体渴望也被满足了，他可能很快就会进入倦怠期。

所以，一个男孩如果珍惜你，一定不会伤害你，更不会让你冒这样的风险。而女孩也要懂得珍惜自己，不要轻易就把自己的初吻送给对方，更不要让对

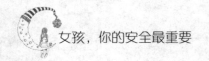

方触碰自己的身体，甚至发生肉体上的接触。

二、知道身体哪些部位是别人不能随便触碰的

青春期异性之间相互喜欢、相互欣赏是正常的，但对于女孩来说，与异性之间最恰当的关系就是相互欣赏。特别是从女孩的角度来说，我们不仅要保护好自己的初吻，还要知道自己身体的哪些部位是别人不能随便触碰的。

那么，女孩身上哪些部位别人不能随便触碰呢？

首先就是我们的脸和嘴巴，这是异性不能随便摸或亲的；其次是胸部、下身等隐私部位，以及裸露在外的身体部位，也都是别人不能触摸的。

从女孩角度来说，男孩的身体，尤其是男孩的下身部位，同样不能随便触碰。否则，你的一个不恰当动作就可能引起异性的其他心思，尤其是对同龄异性的触碰，很可能让对方误解你有其他心思，给你带来不必要的危险。

苹果熟了才甜——理性对待早恋

2018 年 10 月，南京市某中学举办了一年一度的中学生心理知识讲座，这次讲座的议题是理性地对待早恋行为。

在互动环节，有个胆子比较大的女孩主动给专家写了一张字条，上面写道："当有男生向我求爱，我该怎么办？"

专家给出的解答是："如果一个女孩被男生当面求爱，或者收到对方的情书，这并不是什么坏事。相反，这说明你已经成熟，吸引了男孩的注意力和好感，所以你首先向他表示感谢。其次，你要告诉他，学生时代的爱情是不成熟的，也有许多不利的方面……"

另外一个女孩也给专家写了一张字条，上面写的是："我失恋了，很痛苦，请问老师，我该怎么办？"

专家给这个女孩的解答是："早恋的成功率本来就不大，青少年不仅缺乏社会经验，还缺乏了解他人的经验。随着年龄的增长和阅历的增加，我们必然会重新考虑爱情的标准，因为'苹果只有熟了才会甜'。当下的'失恋'对你来说并不是坏事，恰恰是促使你成长的动力，你不但不应该烦恼，反而应该感到高兴才是……"

所谓早恋，就是过早地恋爱，而且也因为"早"，所以会给人留下深刻的印象。但从客观角度来说，这其实只是情感的早期萌发，人生中真正的情感可能还远未开始。不仅如此，早恋的成功率也是极低的，很多早恋都是无

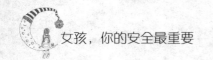

果而终，且对自己伤害极大。一些意志薄弱的女生，甚至可能因此而酿成大错，留下终身的遗憾。

2012 年，深圳市一名 16 岁的男孩和一名 13 岁的女孩早恋，并外出开房同居。双方父母发现后，虽然都没有深究，但男孩还是被公诉机关提起了公诉，一审被判强奸罪，处以有期徒刑 1 年 3 个月。

可能很多女孩不理解，父母和女孩本人都不追究了，为什么男孩还被判了刑呢？

按照我国《刑法》第 236 条规定，与不满 14 周岁的女孩发生性关系，以强奸论，从重处罚。而已满 16 周岁的人犯罪，应承担刑事责任，且不论当事人是否出于自愿。所以，案例中的男孩才会被判了刑。

在这个案件中，似乎男孩受到的伤害更大，但女孩又何尝没有受到伤害呢？从身体上说，在身体尚处于发育阶段就发生了性关系，这对身体的伤害是非常大的；从心理上说，男孩因为这件事被判刑入狱，她应该会一辈子感到后悔或内疚吧？

处于青春期的女孩，思想尚未定型，对这些复杂的因素缺乏科学、深刻的思考，因此就像驶入大海中没有罗盘、没有舵的船一样，随时都隐藏着触礁沉没的危险。这个时期的女孩一旦陷入情网，往往难以克制自己的冲动，一旦彼此表达了爱慕之情，马上就会亲密地交往起来，不仅因此而分散精力，占去很多学习时间，严重影响学习，还可能会偷吃禁果，铸成大错。

因此，对于青春时期的女孩，面对早恋现象应该理智对待：

一、保持清醒的头脑，认清是非

青春期的女孩，由于生理和心理发育的逐渐成熟，开始对异性产生好奇心，同时又因为冲动而缺乏理智控制，很容易陷入情感的旋涡。然而因为缺乏理智的处理情感的能力，又很容易给自己带来身心的伤害。

为了避免这些情况出现，女孩应让自己保持清醒的头脑，明白自己现在的年龄哪些事情可以做，哪些事情不能做。很显然，在青春期时，恋情的果子属于过早萌发，而学业的果子以及你这棵大树整体尚未发展成熟，需要你付出更多的精力。所以，我们要知道孰轻孰重，先专注于自己当下应该专注的，绕开恋情这个"果子"。这才是我们最理性的选择。

二、对未来有更切实的计划

从一定意义上来说，早恋确实很美好，因为没有任何现实压力，不用考虑太多现实的生活，完全是两颗青春的心碰撞在一起，体验甜蜜而美妙的感觉。

但是，我们毕竟生活在现实之中，而当我们把早恋放入现实中之后，它又是相当不牢固的。所以，我们尊重早恋这种情感的出现，但又要理智地对待它，用更多的时间和精力去规划实际的未来。父母间的爱情也告诉我们，只有两个人互相扶持、共同担当，才能不断进步，建立更美好的生活。但这里有个重要前提，就是双方都足够成熟、理智、有担当，因此对于青春期阶段的我们来说，暂且将这份美好的情感放入心底，作为自己努力学习，与对方共同进步的动力，才是最理性的做法。

总而言之，早恋不是洪水猛兽，只要我们理清自己情感发展的基础，规划好自己未来的成长道路，知道怎样做才是最有利于自己成长的，我们就能够理性地面对早恋，让结在青春之树上的"青苹果"慢慢长大、变熟，等待着未来更甜美的一天的到来。

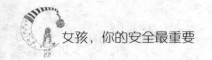

喜欢上了男老师，怎么办

　　有这样一则新闻，说的是一个初中的女孩向自己的老师求爱
被拒绝后，离家出走了。大致内容是这样的：

　　女孩出生在农村，父母在城里打工，供她在城里的重点中学
读书。在女孩初二那年，班里来了一位年轻的男老师，教大家英语。
女孩对这位高大帅气的英语老师"一见钟情"，不仅上课时看他
看得入神，课后还寻找各种机会接近英语老师，成绩一落千丈。

　　终于有一次，女孩鼓起勇气向英语老师表白了，可老师委婉
地告诉她："谢谢你的心意，但是你的年龄还小，现在应该把精
力放在读书上。而且你现在成绩下降很厉害，还是多花点时间把
成绩搞上去吧。"

　　遭到老师拒绝的女孩，竟然不上学也不回家了。父母知道后，
急忙四处寻找，好不容易在一个网吧中找到了她。但父母并没责
备她，而是劝她好好回去读书，等将来考上大学，学业有成了，
再谈感情也不晚。

　　固执的女孩并没有听从父母的劝说，再一次离家出走。在出
走前，她还留下一篇日记，日记中写满了对英语老师的"爱恋"，
并表示如果不能跟老师在一起，她宁愿去死。幸好后来在警察的
帮助下，女孩才回了家。

　　父母见她执迷不悟，加上成绩掉落得厉害，只好给她转到了
一所普通中学。

　　青春期是女孩情窦初开的年纪，而与之接触最多的就是同学和老师。与同龄的同学相比，稍长几岁的男老师更加高大、成熟、睿智，讲课时慷慨激昂，语言幽默生动；加上老师作为站在讲台上面对众多学生的人，穿着一般都比较整洁、不邋遢，甚至很有品位，这一切都深深地吸引着青春期女孩的关注。

　　一个人喜欢谁、讨厌谁，本是个人自由，但在喜欢老师这件事上，女孩还是应该把握好分寸。也就是说，你可以喜欢自己的老师，但不能爱上他，喜欢与爱之间是有很大差别的。如果你在老师身上投入了太多的情感，就像案例中的女孩一样，觉得自己不能跟老师在一起宁愿去死，那就超越了喜欢的界线。

　　而且，作为青春期的女孩来说，年龄还很小，学业也未成，即使单恋老师，也不可能与对方有圆满的结果。既然如此，我们又何必在老师身上投入那么多无望的情感呢？倒不如在对老师产生好感时，及时按下自己的理智按钮，控制自己的情感，调整状态，将更多的精力投入到学习中去，让自己在学习上取得更好的成绩。

　　但是，说起来容易，做起来难，很多女孩可能都有这样的感受：明明很想控制自己，却忍不住要去关注自己喜欢的老师的方方面面，这时该怎么办呢？

　　下面的建议希望可以帮到你：

一、不断给自己心理暗示

　　对于喜欢老师这件事，最简单、有效的处理方法，就是对自己"狠"一点。说白了，就是不断给自己心理暗示，不断告诉自己："我们并不合适，也不会在一起。""他有妻子、有孩子，根本不喜欢我，我也不能让自己做个破坏老师家庭的人。""这根本不是我需要的情感，我现在要努力学习，让我的未来比现在更美好。"……通过这种不断的暗示，你的注意力就会从老师身上慢慢转移开。

二、通过一些课外活动转移注意力

你也可以通过参加一些有益的课外活动来转移自己的注意力，比如尝试去开发一项新技能，挖掘一下自己在某些方面的潜能；寻找几个志同道合的伙伴，做一些其他感兴趣的事，或者做一些公益活动等，和同龄人一起享受当下充满活力的青春时光。

你也可以给自己定一个目标，比如在期中或期末时，让自己的某一学科考多少分，或者让自己的班级排名提高几名；也可以在完成目标后，奖励自己一次假期旅行，等等。

这些都可以让你转移注意力，去关注对自己来说更现实、更有意义的事情。

总而言之，喜欢上男老师并不是你的错，也不是什么罪大恶极的事情，相反，这恰恰表明你已经开始注意异性，有了情感的意识，我们应该尊重青春期时的这种美好的情感。但是，基于种种现实因素，我们还是应该把对老师的情感转化为学习的动力。如果你能将这种情感用得恰到好处，你就会发现它可以促进你更好地学习和成长；但如果你任由这种情感发展下去，不仅会影响学习成绩，还会让你身心憔悴，疲惫不堪。

所以，请把握好你与男老师相处的尺度，让你们之间美好的关系成为你学习生活中的一抹亮丽的色彩，照亮你的心，也照亮你未来的美好前程。

别只迷恋于明星的 "帅" 与 "美"

2011 年，一个 22 岁的女孩晓婷不惜忍痛在脸上 8 次动刀整容，要变成自己的偶像杨幂的样子。

原来，早在杨幂出演《仙剑奇侠传》时，就给晓婷留下了深刻的印象，觉得这个女孩简直太美了！后来，家里人都说她跟杨幂长得有点像，晓婷对杨幂的关注也更多了。后来，杨幂出演的《宫》爆红，晓婷更加喜欢杨幂了，第一次产生了要 "变成" 杨幂的想法。

当晓婷找到整形医院的专家，专家并不建议她整形，并且告诉她："你已经很漂亮了，根本不需要做整形，而且整形的风险也是很高的。" 但晓婷一再坚持，说自己实在太喜欢杨幂了，如果不能陪伴在她左右，那就让自己变成她的样子好了。

经过 8 次手术后，晓婷的容貌确实与杨幂更像了，但是，因为多次整容，她的脸部结构和肌肉群都受到了影响，并且随着年龄的增大，影响也越来越明显。

"追星" 早已不是个新鲜词，近几年来社会上甚至出现了一股股的 "追星狂潮"，一大群被称为 "粉丝" 的少男少女为自己的偶像应援、打榜、投票、反黑、控评，有些还不惜花费重金给自己的偶像买礼物，或者到现场去看明星偶像的演唱会。当偶像在台上又蹦又跳时，台下的 "粉丝" 又哭又笑。至于把自己整成明星偶像的模样，也有很多案例……

在这群追星者当中，又以青春期的女孩居多，有些女孩甚至动了真情："xx，

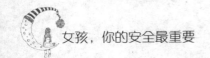

我虽然没有别的女孩漂亮，可是我更爱你！""xx，你跳舞简直太帅了，我太喜欢你了！""xx，你本人比电视上更漂亮，我好爱你！""xx，我好喜欢你，我想做你的女朋友！"……而当你问她们为什么会如此迷恋某个明星偶像时，她们的回答大多数都是："因为他很帅呀！""你没看过他跳舞吗？简直帅爆了！""她好美啊！我好希望自己可以长成她的样子！"……

实际上，女孩在进入青春期后，思想也会跟着身体的发育成长而一起成长起来，因此开始对美好的事物有了欣赏心理。明星们呈现出来的外表个个都光鲜亮丽，几乎都是帅哥美女，这自然很"符合"少女们的"审美观"。因此，女孩们对或帅或美的明星偶像产生好感并不奇怪。

但是，明星偶像也是人，你所看到的也仅仅是他们光辉的一面，并不代表他们就是完美无瑕的。如果你把明星过于理想化、神圣化，就会让自己陷入狂热的境地，给自己带来无尽的烦恼。

2005年，谢霆锋为了给自己的专辑《释放》做宣传，在武汉举办签售会后，准备乘飞机离开。在机场，一名女歌迷送完偶像后，竟然不知何故要跳河寻死。幸亏公安人员及时发现，才将她抢救回来。当被问起为何要跳河自杀时，这个女孩称自己是因为不舍得谢霆锋离开，一时想不开，才去寻短见。

2007年，甘肃兰州一个叫杨丽娟的女孩，因为疯狂迷恋刘德华，辍学追星，甚至不惜让父母卖房卖地，拿钱去找刘德华。但是，明星并不是那么好"追"的，而杨丽娟的父亲因为刘德华没有满足女儿的要求，竟然跳海自杀，这件事在当时轰动一时。

以上的案例，都反映出追星者的不理智性。那么，作为青春期的女孩，当你有了自己喜欢的明星偶像时，该以怎样的态度对待呢？

一、别只迷恋明星身上的"帅"与"美"

明星所呈现出来的光鲜亮丽，往往都是他们刻意为之，其实他们同样有很多烦恼和不为人知的一面。所以，别只迷恋他们表面的"帅"与"美"，多关注他们是否具有高尚的人品和超凡的气质。他们不仅仅吸引着你的目光，更应该能够震撼你的心灵。要知道，"台上一分钟，台下十年功"，明星在成名背后都是付出了无数的艰辛努力的，他们那种勤奋、刻苦的精神才是真正值得你"追求"的，这要比他们表面呈现出来的"帅"与"美"更有意义。

二、多关注明星身上积极的一面

你喜欢一个明星，把他（她）当成你的偶像，多半是因为他们身上闪闪发光的那些属性吸引着你，让你也想要拥有这些特质，而不仅仅因为他很帅或她很美。你想要变得更温暖，所以你喜欢温暖的人；你努力追求梦想，所以你喜欢听关于梦想的歌；你想要变得坚强，所以你喜欢坚强而努力的人……对于偶像最好的支持，不是你对他们多狂热，不是你有几张他们的签名，也不是你在他们身上花多少金钱，而是让别人知道，支持他们的人同样是一群温暖、有梦想、努力的人。

所以说，追星本质上是在追自己。在追星的过程中，你会与自己的偶像共同进步，让自己成为更好的人，这才是你追星最大的意义。

三、追星的同时也别忘了自己的责任

一些女孩过于狂热地迷恋明星，结果颠倒了自己生活的主次，忘记了自己当前的主要职责——学习。

为了追星而影响甚至放弃自己的学业是没有任何意义的，明星不会因为你为了他（她）放弃学业就对你另眼相看。所以，不盲目、过于狂热地追星，始终将学业放在最重要的位置上，才是理智的做法。

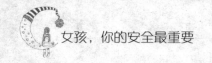

接纳自己的不完美

就读于某中学初二年级的小雪是个古怪的女孩，当其他同学课间休息、嬉戏打闹时，她经常一个人独自躲在角落里，好像从不参与同学的活动，也从来没什么朋友。同学们都觉得小雪性格孤僻，叫她一起玩，她也不肯，渐渐大家都不叫她了，也不知道她为什么要这样。

有一次，语文老师布置了一篇作文，题目叫《我的心事》。在这篇作文中，小雪写出了自己的烦恼。

她在其中是这样写的：

"我是一个平凡的初中女孩，虽然年纪还小，但自卑心理很严重。我有太多的缺点和不足，唯一能让我稍微有点儿欣慰的，就是我的学习成绩比较好，在班里能排到前几名。小学的时候，我有两个很要好的朋友，以前我是她们学习的榜样，但现在，她们都已经超过我了。而且在学校里，还有一些男生会给她们写情书，但我从来没有收到过，为什么我会这么差劲？

"我很自卑，一开始我还不认为自己自卑呢，后来我发现这三年来我变化太大了，我感觉自己越来越像一只丑小鸭：我的个子与其他女孩比起来很矮小，脸上生了很多痘痘，皮肤也很黑……为什么妈妈是生我的时候，要把这么多缺点留给我呢？……"

老师看了小雪的作文后，明白了这段时间小雪的表现，于是找小雪谈了几次，希望她能用平常心看待学习成绩，同时也接纳自己的不完美。慢慢地，小雪开朗了一些，也开始融入集体了。

每个女孩在成长中，都会经历一个破茧成蝶的过程，从一只幼小的、其貌不扬的 "毛毛虫" 渐渐成长为一只美丽的 "蝴蝶"。在短短几年的时间里，女孩的身心都会经历一场巨大的变化。而 "变革" 结束后，女孩的身心才会迈向成熟。这个奇妙的 "变革" 过程，就是我们一直在说的青春期。

但是，青春期也给女孩带来了许多烦恼，尤其是身体上的不完美。不过女孩要明白的是，一些问题只是青春期所独有的，随着年龄的增长和身体的逐渐发育成熟，这些烦恼就会渐渐消失。所以，这种不完美只是暂时的，我们只需用平常心对待即可，不必在这方面过多关注，更不需要为此而过度自卑、烦恼。

自卑，其实是一个人对自己不恰当的认识，是一种自己看不起自己的消极心理。在自卑心理的作用下，很多女孩都难以正常、轻松地与人交流。然而，青春期又是我们走出家庭、走向社会的一个重要时期，如果青春期女孩不能对自己有清醒、客观的认识，过分在意周围人的目光和看法，就无法与人正常沟通，更无法与人建立真挚的友谊。就像案例中的小雪一样，因为觉得自己不完美、自卑而封闭自己，很显然，这对成长是不利的。

所以，青春期的女孩一定要学会接纳自我，同时不断完善自我、提升自我，这样才能让自己变得更优秀。

下面的几点建议，相信一定能对青春期的女孩们有所帮助：

一、不必刻意掩饰自己的缺点

要说缺点，不管多优秀的人，即使是那些历史上著名的大人物，也都有缺点。但是，为什么我们经常会感觉他们没有缺点呢？难道是他们掩饰得好吗？

恰恰相反，并不是他们刻意掩饰，而是因为他们敢于大胆地展示自己的缺点，并从他人那里获得正确的启示，继而弥补、改正自己的缺点，让自己变得更优秀、更出色。这样坦诚的人，既真诚又真实，因而也更有人格魅力。

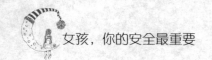

所以，女孩在成长过程中，即使觉得自己不完美，也无须刻意去掩饰，而是大大方方地面对自己的这些缺点和不足。在这种情况下，同学、老师更容易抓到你的问题所在，然后给你提出有价值的建议，这无疑就缩短了你"求索"的过程和时间，继而更及时、准确地纠正自己的不足，让自己快速成长起来。

二、正确、客观地评价自己

每个女孩都是独一无二的，这就像工艺品一样，有些工艺品之所以价值连城，就因为它很独特、很特别。如果工匠用同样的材质制作一千件大小、形状都一样的工艺品，那么每件工艺品又能值多少钱呢？但是，如果工匠用心地制作一件完全与众不同的工艺品，它就可能价值连城。

同样的道理，一个人之所以独特，就是因为全世界没有与你完全相同的人，是你的思想、情感、个性、才华，构成了一个独特的你。

有些女孩认为，自己身上的缺点太多，所以感到自卑。实际上，这些缺点也是你的财富，因为它们会时刻提醒你需要不断努力、不断完善自我，让自己变得更好。从这个角度来看，这些缺点反而成了激励你不断进取的优点。

当女孩拥有了这样的心态，你就能不断取长补短，在看清自己不足的同时，将自卑的压力变成不断完善自己的动力。

总之，每个青春期女孩都要用正确、客观的态度认识自我，接纳自我，用正确的心态面对他人、面对生活，积极地与人交往，这样你才能摆脱烦恼，让自己乐观、阳光地迎接每一天。

第4章

享受美好的校园生活——警惕暗中隐藏的魔爪

　　校园几乎是我们每天都要生活的地方，那里充满了青春的气息和积极向上的力量，校园生活也是我们人生中最纯粹、最快乐的时光。然而，校园生活中也存在着许多危险和不愉快，比如与同学、老师间的矛盾，校园霸凌现象，等等，给我们的成长带来许多伤害和疼痛。作为青春期的女孩，一定要避免这些侵害，快乐地享受校园生活。

与男生交往时得体大方有分寸

在河北省保定市某高中的学生手册中，有一则"关于男女同学正常交往的规定"，其中有一部分内容被同学们纷纷"吐槽"。

在这部分内容中，提到了"除在正常教学、集会外，男女同学在教室、楼道、校园交谈，距离不小于 60 厘米；地点应选在校内别人看得见、明亮的公共场所"，另外还有"男女同学在交谈过程中，不允许存在任何身体接触，如拉手、互相拍打等肢体接触行为"，等等。

看到这条规定，很多同学都很不理解，认为学校的规定太严苛了。而学校对此给出的解释是：这是为了向学生表明，学校是明确不支持早恋的。至于"距离不小于 60 厘米"的规定，学校表示既考虑了男女同学正常交往的需要，也考虑到人与人之间正常交往时的安全距离，所以"60 厘米"的校规是学校为提升校园文明而设立的规定。

对于该学校的这些规定？你有什么看法呢？

实际上，从学校的角度来说，这样的规定也不是没有道理，因为中学生在进入青春期之后，男生女生之间的交往会变得很敏感、很微妙。尤其对于女生来说，如果把握不好分寸，与男生相处缺乏距离感和分寸感，很容易引发各种困扰。

某中学 15 岁的女孩小雅，性格活泼开朗，平时也喜欢跟男孩子打打闹闹，大家都觉得她像个"假小子"。后来，小雅跟校外的一名男生早恋了，因为

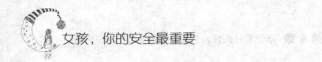

性格原因，小雅跟这个男生交往时也很随意，动不动就坐在对方腿上，跟对方拉拉扯扯的，说起话来也毫无顾忌。

时间长了，男孩就觉得小雅是个很随便轻浮的女孩。有一天，男孩和自己的一个哥们儿商量一下，把小雅带到了外面的宾馆，男孩让小雅陪自己的朋友"玩玩"，还说小雅"不是很喜欢跟男生动手动脚吗？"吓得小雅赶紧瞅准机会逃跑了，这才侥幸没有被侵害。

这样的例子不胜枚举，身为女孩，在与男生交往时举止轻浮、不注意分寸，是对自己非常不负责的一件事，甚至是一件很可怕的事。在同学朋友眼中，即使你的表现再好、成绩再优秀，只要自身举止不够得体、缺乏分寸，都会被大家"另眼相看"。更有甚者，一些女孩会像上面案例中的小雅一样，给一些别有用心的异性传递错误的信息，让他们认为这个女孩"期待"他们做点什么，结果给自己惹来麻烦，甚至带来危险。

这里提醒所有校园中的女孩们，平时在与同学交往时，不管是和男生还是和女生，都要采取"一视同仁"的态度，做到得体、大方、有分寸。

具体来说，我们要注意下面几个问题：

一、在语言上保持女孩应有的矜持

有些女孩天性就活泼开朗，对谁都是一副热情满满的样子，行为举止也颇为亲密，言语中丝毫没有任何顾忌。这样的性格可能会拥有很多朋友、"哥们儿"、"姐们儿"，但也有很大可能给某些人带来误解，尤其是一些男生。

进入青春期后，男生对异性的好奇程度会直线上升，所以有时也容易放大或误解女孩某些言行原本的意义，并对女孩产生一些超越同学之间友谊的想法，影响彼此间正常的同学关系。

所以，女孩在与男生相处时，一定要保持女生该有的矜持，尤其在言行上做到有礼貌、有分寸，不说一些暧昧的话，不乱开玩笑，更要坚决杜绝污言秽语，这既是对对方的尊重，也是对自己的尊重。

比如，不管是在说正事，还是在开玩笑，都不要肆无忌惮地大喊大叫、吵吵闹闹，与男生之间的交流也要使用文明的语言，这样才不会引起别人的反感，也不会招来别人的误解。

二、在动作上做到举止大方，懂得界限

女孩在动作上也要注意，既不要做一些"过火"的动作，也不要随便"摆放"自己的身体，比如靠在别人身上，或者动不动就张开双腿、身体乱颤；有时笑起来东倒西歪，甚至直接倒在男生身上；跟异性交流时，也是打打闹闹、嬉皮笑脸。这些都是很不合适的行为举止，很容易让别人对你的行为产生误会。

在异性面前，女孩不仅要和异性保持恰当的距离，还要在动作上做到大方、自然，保持礼貌的姿态。即使在向男生求助时，也要注意自己的表现和反应，既不要讨好献媚，也不要蛮横骄矜。只有懂得把握尺度和界限，做个言行守礼的女孩，对你才会大有好处。

当然，我们不光与异性交往时注意言行举止，与同性交往时同样要适当注意，因为得体、大方、有分寸是对我们日常表现的基本要求，而我们周围的人也会通过我们的言行来判断我们的素质，并以此为标准来决定与我们相处的方式。

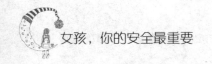
避免与同学陷入情感的纠葛

有人曾经在某网上平台发了一个询问："高中生谈恋爱可以吗？有哪些建议呢？"

一位高中班主任根据自己的经验，谈了自己的看法：

在我看来，高中阶段尽量不要与同学陷入感情纠葛，否则一定会影响学习，甚至因此而断送了自己的大好前途。

在我带过的班里，有一对给我留下的印象最为深刻。女孩是班里的学习委员，学习成绩很出色；男孩学习中等，但高大帅气，典型的"暖男"一枚。两个人在高二的时候谈起了"恋爱"，并且发展迅速，很快就发生了性关系。

然而，就在刚刚升入高三后不久，男孩突然要跟女孩分手，说自己想好好学习了，不想让恋爱耽误了自己的学习。但女孩不想结束，一直找男生要求和好，两个人就这样纠缠不清，时好时坏。女生也因此深受影响，不但上课经常走神，成绩还迅速下滑。我找了女生几次，跟她苦口婆心地交谈，但女生就是放不下。

高考时，不出意外，女生考得很不好，分数仅够上个专科，而按她以前的实力，是完全可以考入重点大学的。只因为与男生的情感纠葛，让她的人生轨道第一次发生了变化，实在令人惋惜。

进入青春期后，女孩的身心发育一般要早于男孩，比男孩更成熟。而同龄的男孩往往还比较幼稚，更别说责任心了。所以，女孩一旦陷入校园爱情之中，付出可能就会比男孩更多，也更上心。

对于男孩来说，有些男孩看起来是想与女孩发展恋爱关系，但其实他们只不过是对"性行为"更加好奇和需求而已。在满足了自己的好奇心和生理需求后，再去花费精力应付情感中的种种问题，他可能就没那么有兴趣了。而他们之前所说的甜言蜜语，所做出来的让女孩感动的事，也不过是为满足好奇心和发生性行为的努力而已。

简而言之，在不成熟的校园爱情中，女孩可能付出了真心，但男孩也许只是一时萌发的对对方的"初心萌动"。当然，这主要与男孩的生理发育特点有关。在青春期到来时，男孩就会有性冲动，也会渴望满足自身的生理需求。在这种不对等的情感中，女孩注定会受到较大的伤害。

所以，在校园里，女孩尽量不要与同学陷入情感的纠葛。青春期的情感太过青涩，你不仅没办法全情投入，一旦陷入纠葛之中，还可能被伤得体无完肤。这并不是危言耸听，而是无数事实留下的深刻教训。

那么，女孩要怎样处理校园中发生的情感呢？

一、将美好的情感藏于心底

青春期的情感虽然来得很热烈，但也不是不可控。如果你遇到了一个纯情的男孩，自己也对对方有好感，刻意控制或许不是最好的解决方法，那么不妨将这份美好的情感暂且藏在心底，然后与对方约定，彼此一起朝着共同的目标努力。情感处理不当会伤人，处理好了，反而能成为你们前进路上的动力，这样的情感也才有可能获得美好的结局。

当然，在这期间，你们之间也可能会出现矛盾，影响你的心情。这时，你不妨把心事说给自己最好的朋友听，或者写在日记里，发泄一下压抑的情感，而不是与对方一直纠缠起来没完没了，影响彼此的学习。

二、不要用性关系来证明爱情

在青春期时，一些女孩会天真地认为，性关系就是彼此"爱的证明"，

于是在男孩的甜言蜜语或彼此的情不自禁下，就发生了性关系。从此后，女孩就认为自己有了"爱的保证"。殊不知，这种错误的认知势必会导致情感纠葛的发生。

无数事实证明，尽管女孩付出了实质性的行动，但接受这一"行动"的男孩却不一定因此而感动，甚至还会在心里暗想："这个女孩太随便了！"

正因为存在这两种完全不同的心理，两人之间势必会出现矛盾，就算没有很快分手，也很难走得平稳、长久。

所以，女孩千万不要有这种单纯的想法，也不要用性关系来向对方证明爱情。不管是从自我保护的角度，还是从自我成长的角度来说，都要懂得爱惜自己，做一个真正懂得爱的人。

三、多参加一些有益身心的聚会

很多女孩之所以会陷入与男生的情感纠葛，往往是因为自己的专注力过多地倾注于对方身上，甚至因此失去了自我，难以自拔。

为避免这种情况发生，女孩在课余时间不妨多参加一些有益于身心成长的同学聚会，比如校园里的文艺汇演、读书角、英语角等，既能认识更多的朋友，分散自己专注于一人的注意力，同时还能增加自己的知识和阅历，对女孩的智力、人格和性格发育都有积极的影响。

当然，前提一定是参加一些有意义的聚会，一些无益的聚会还是尽量不要参加，如网友间的聚会、以奢侈消费为前提的聚会，以及与社会上不良人员之间的聚会等，这些不但于我们的成长无益，还可能招来危险，应该尽量远离。

不单独与男老师相处

2019 年 4 月的一天中午，安徽省六安市某中学初一年级数学老师袁某以补课为由，诱骗自己班里的一位女生到他位于校外的住处。没想到，袁某将女生带到自己住处后，就拉着女孩的手想要强行搂抱亲吻她。女孩吓坏了，慌忙躲闪，并请求袁老师开门放她回学校。但袁某称时间还早，让女生在这里陪陪他，女生激烈反抗。袁某见不能得逞，就硬塞给女生 50 块钱，让女生不要声张。

随后，袁某带着女生离开住处回学校，路上，袁某又问女生，会不会把今天的事告诉家长和其他人？女生怕老师为难自己，只好保证不告诉别人，袁某才让女生回了学校。

女生跑回教室后，趴在桌子上开始哭，班里同学见状，忙过来问她发生了什么事。女孩断断续续跟几个女生说了后，其中竟然有两个女孩说，她们之前也被袁老师骚扰过……

第二天，女生的家长得知消息后，愤怒地报了警，其他几位被袁某骚扰过的女生家长也同时向警官反映了事情经过。不久，袁某被警方刑事拘留。

近年来，媒体上经常会报道出某某学校的老师借着各种理由对女学生进行猥亵、骚扰甚至性侵行为，严重伤害女孩的身心健康。老师本来是人类的园丁，是孩子最信任的人，然而有些老师却因为种种心理做出这种恶劣的行为，给女孩的身心带来的阴影是一辈子都难以抹去的。

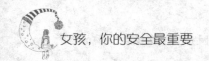

2017 年，台湾女作家林奕含在出版了《房思琪的初恋乐园》后不久自杀身亡，同时也揭开了她遭受老师多年性侵的事实真相。而《房思琪的初恋乐园》中描写的，就是她自己的真实经历。

房思琪长相可爱，颇具文采，她很崇拜自己补习班里的李国华老师。李老师饱读诗书，才华横溢，见房思琪也喜爱文学，便以给房思琪指导写作为借口，设下圈套对房思琪实施性侵。遗憾的是，房思琪曾向父母暗示过老师的行为，父母不以为然。房思琪又假称同学被老师侵犯，向父母倾诉，母亲却说这是因为她的同学太"骚"。从那后，房思琪再也没跟父母说过，直到出现精神问题，进了精神病院，才真相大白。

当然，这不是说女孩在遇到问题时不能跟父母说，相反，我们恰恰要及时告知父母，寻求父母的帮助。与此同时，我们自己也要学会保护自己，学会分辨好人坏人。俗话说，知人知面不知心。不管是对待我们亲爱的老师，还是身边的其他人，都要有一定的防备之心，因为一个人的善恶是不能单凭表象判断的，如果不当心，就可能陷入危险之中。

老师这个原本高尚的行业也是如此，作为学生，我们不可避免地会遇到男老师。相对于女老师来说，作为异性的男老师对我们可能就是一种危险的存在。袁某、李国华这些人的恶魔行为，就是给我们的一记警钟。

所以，作为女孩，我们在与男老师打交道时，一定要注意下面几个问题：

一、尽量避免与男老师单独相处

只要在学校里，我们就无法避免与男老师接触，比如：向老师请教问题；同学间出现矛盾，请老师处理；或者有些男老师也会找同学帮忙拿东西、送东西之类的。尤其是在班里担任班干部的女生，与男老师接触的机会会更多一些。

在这些情况下，最好的办法就是叫上好朋友陪自己一起去见老师，即使让朋友在门口等你，也比你自己去安全；同时在见到老师后，要注意与老师之间保持一定的距离，或者站在离门近一些的地方，以便有情况出现时及时脱身。

当然，如果老师的办公室内还有其他老师，那你自然可以放心进去。如果只有一位男老师，那么你的这些预防措施可能就会在关键时刻给予你最大的帮助。

二、巧妙应对不可避免的单独会面

如果不可避免地与男老师单独会面，比如在上学路上、校园角落里，都可能偶遇老师。这时，我们一定要注意自己的礼貌和仪态，有些女孩性格活泼，喜欢在老师面前撒个娇、卖个萌，但在与男老师单独见面时，切忌在老师面前肆无忌惮地又笑又闹。尤其夏天穿着比较少时，更不可在老师面前表现得很随便，行走坐立都要规矩。

其次，在礼貌地向老师打招呼、问过好后，就尽快表达出离开的意思。尤其在一些特别僻静的角落，我们更要适当提高警惕，做好随时保护自己的准备，将一些危险掐死在萌芽之中。

三、严厉拒绝男老师的不恰当行为

在日常学习中，如果你能得到老师的喜欢，确实是件很荣幸的事。但同时，我们也要学会分辨好坏，如果老师真心地帮助你、鼓励你、尊重你，那么你应该对老师抱有感恩之心；但如果你的男老师经常借"喜欢你""爱你"等名义对你做出一些过分"亲密"的行为，如搂抱你、亲吻你、触碰或抚摸你的身体，尤其是触碰、抚摸你的隐私部位；或者让你抚摸、看他的隐私部位，这些都有可能对你构成了性侵害哦！

在这种情况下，我们要做的就是及时保护好自己的身体，哪怕对方用语言诱骗、恐吓、威胁你，也不要害怕，更不能忍气吞声，而是对对方不恰当的"亲密"行为严厉拒绝、大声说"不"，同时回家后及时告诉爸爸妈妈，寻求他们的帮助，做个勇敢自护的女孩。

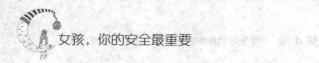

面对同学的恐吓威胁，别做胆小鬼

    2017 年 5 月的一天，下午放学后，丹丹自己走在回家的路上。当丹丹走到一个胡同里时，忽然从胡同口窜出一个男孩。丹丹仔细一看，原来是自己学校高年级的一个"小混混"李某。李某径直朝丹丹走过来，然后伸出一只手，恶狠狠地对丹丹说："借我点钱用！"

    丹丹家庭条件比较好，平时爸爸妈妈给她的零花钱比较多，班里的同学都知道，李某可能因此就找丹丹来索取。

    丹丹并不想把口袋里的钱给李某，可看到李某黑着脸盯着她，她又有点害怕，只好掏出口袋里的钱。李某还没等丹丹反应过来，一把把丹丹从口袋里掏出来的钱全都抓了过去，嘴里还说着："赶快给我吧！"走时还回过头威胁丹丹说："不许告诉老师和你爸妈啊，我在社会上认识很多人，你敢说出去，看我怎么收拾你！"

    从那后，李某又找丹丹要了几次钱。有一次，李某要跟丹丹要 500 块钱，丹丹没那么多钱，李某很生气，就把丹丹堵在胡同里踢了几脚，并威胁她第二天必须把钱给自己拿来。

    丹丹不敢一下子跟爸爸妈妈要那么多钱，只好把李某跟她要钱的事说了出来。丹丹爸爸当即就报了警，不久，李某就被警方抓获了。

    很多女孩在面对同学的恐吓威胁时，都想息事宁人，以为自己只要顺从对方，对方就会放过自己，不再为难自己。尤其是多数女孩都比较胆小怕事，只要稍微被人吓唬一下，就会乖乖听话。殊不知，正因为这些女孩的胆小懦弱，才让恐吓者更加肆无忌惮，他们会觉得"这个胆小鬼下次肯定还会听我的"，"再吓唬吓唬她，下次她就更听话了"。如此一来，他们就会更加猖狂，而女孩受到的伤害也会更大。

那么，面对同学的威胁恐吓，女孩们该怎么办呢？难道要以硬碰硬吗？女孩势单力薄，如果面对的是异性的威胁恐吓，显然这个方法行不通，那该怎么办呢？

要寻求解决方法，我们就要先看一看恐吓威胁都有哪些情况。

一般来说，女孩在被恐吓威胁时，会出现两种情况：一种是仅被口头威胁，比如，考试时同学想抄写你的试卷，而你拒绝了，对方威胁你"等着瞧""看我考完试收拾你"等，但真考完试后，这些人可能并不会真有什么动作。

另一种情况则是如丹丹这样的已经遭受过恐吓威胁，而且还是多次，这种性质就很恶劣了。如果我们不做出有力的反应，对方就会变本加厉，从而使我们受到更严重的伤害。

所以，针对以上不同的情况，我们也要采取不同的应对措施。

一、针对第一种情况，不予理会，敬而远之

假如对方只是口头威胁我们一下，并没有实际的行动，那么我们可以不予理睬，主动躲开即可。如果下次对方仍然向你提出同样的要求，你觉得不合理并拒绝后，也可以找个适当的机会向对方做出解释，让对方意识到你并不是故意冒犯他，借以保证自己的安全。

当然，有些人也可能会对你不依不饶，甚至认为你故意跟他对着干，不给他面子。对于这种情况，我们可以向要好的同学、朋友求助，请他们帮忙调节一下彼此的矛盾，并解释清楚自己为什么拒绝对方。如果对方就此"打住"，那么你也就不会再受到威胁恐吓了。

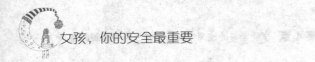

二、针对第二种情况，及时向家长或老师求助

如果对方已经对我们造成了切实的身心伤害，就像案例中的丹丹一样，千万不要想着"就这一次，也没什么，算了吧"；或者害怕告诉老师、家长后引来对方的报复，顺从了对方。要知道，恐吓威胁者都是"欺软怕硬"，你越是对对方容忍，对方就会越觉得你软弱可欺，继而变本加厉。

所以，在我们第一次遭遇这种情况时，就不要对对方容忍，而是及时将情况如实地反映给家长或老师，请求他们的帮助。如果在家长或老师出面后，对方仍然不依不饶，通过其他方式对我们继续进行恐吓威胁，我们也可以请家长向警方反映，用法律手段来解决问题。

总之，当女孩遭遇到恐吓威胁时，一定不要太过软弱，当个"胆小鬼"，更不要用哭哭啼啼的方式来解决问题，而是寻找正确、有效的途径，才能保证自己的安全。

不做校园霸凌的参与者和旁观者

2009 年 10 月，上海市虹口区某中学里，一名女孩被几名女生围着殴打，另一名女生还从后面狠狠踹了被打女孩的后腰。在女孩倒地后，其他女生又用脚猛踹女孩腹部……

2013 年 4 月，江西省玉山县某中学，一名身穿校服的女孩被几名女生狂扇耳光，并被逼下跪……

2015 年 6 月，江西省永新县某中学里，一名 14 岁的女孩被另外 5 名女生殴打。5 个女生强迫女孩跪在地上，并连番对其扇耳光。在打人过程中，5 个女生还一边嬉笑，一边说着脏话……

2018 年 9 月，延安市吴起县某中学发生了一起校园暴力事件，6 名高二女生持刀威胁 5 名学妹脱光衣服，并要给 5 个女孩拍裸照，还意图强迫她们卖淫。在遭到拒绝后，施暴女生对其中 3 名受害人疯狂殴打和猥亵，导致几人耳膜穿孔、下身出血，身上多处受伤……

2019 年 4 月，河北省广平县发生了一起校园暴力事件。多名女生同时踢打一名女孩，并将脚放在女孩的头上来回"碾压"，还逼着女孩大声喊"爹""娘"……

不知从何时起，"霸凌"这个词已不仅仅存在于成人世界之中，在原本宁静美好的校园中也开始出现。甚至在未成年人身上，霸凌事件发生得更频繁。这些暴力事件后，大部分的涉案者都受到了法律的惩罚，但校园霸凌事件仍然屡见极端，引发了越来越多人的关注和重视。可以说，这类事件已经

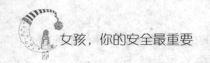

演变为一个亟待解决的社会问题，它不仅严重干扰校园的正常秩序，还直接危害学生的身心健康和生命安全，甚至可能造成受害者心灵扭曲，从而使其道德缺失、诚信度下降、身心健康畸形发展。

校园霸凌事件有很多都发生在女生之间，女生可能是霸凌者，也可能是旁观者，而最惨的就是被霸凌者。那么，女生之间为什么会出现这种暴力、霸凌事件呢？

一、与女生自身成长有关

随着青春期的到来，女孩的身心发育不平衡，有些女孩情绪容易激动，如果再有不良交往和淡薄的法律意识，很容易就会被一句玩笑、一个眼神、一句讽刺的话语等"点炸"情绪，继而引发暴力事件。

二、与情感纠纷有关

青春期女生正处于对异性产生好奇和好感的时期，而且这种好感往往又不好控制，所以许多女生间的霸凌都是由女生与异性间的情感纠葛引发的。

三、与学校和家庭教育有关

学校和家庭教育的不恰当也容易引发霸凌事件。在应试教育的大环境下，家长和老师更关注女孩的学习成绩，而很少关心她们的修养和心理成长。女孩一旦遇到某些心理问题，也难以找到正确的宣泄途径，于是就可能通过这种不正确的方式来发泄情绪。

四、与社会不良风气有关

社会上各种不良风气的影响，如爱慕虚荣、嫉妒攀比、热衷物质等现象，也会影响到心智尚未发展成熟的女孩，继而引发各种校园霸凌事件。

但是，不管是由哪种原因引发的校园霸凌，于女孩的身心健康都是极为不利的。不管你是霸凌的一方，还是旁观者，甚至被霸凌的一方，都会在这类事件中遭受身心的伤害。

作为霸凌的一方，无须多说，这种暴力行为已经给他人造成了严重的身心创伤，并且触犯了法律，是一定会受到法律惩罚的。

作为旁观者，你也许觉得没什么，"我只是看看"，殊不知，正因为你们的沉默和冷漠，才让校园霸凌事件不断发生。据 2017 年联合国教科文组织《校园暴力和霸凌全球数据报告》数据显示，有 32.5% 的学生曾遭遇过校园霸凌，而更令人触目惊心的是，有 70% 的旁观者在霸凌事件发生时都选择了沉默。

对他人遭受屈辱的围观，这本身就是一种麻木不仁的表现，如果你再跟着起哄、大笑、嘲讽，那么你与正在进行暴力行为的人又有什么区别呢？再试想一下，如果被霸凌者是你，你还会这么心安理得地说自己"不过就看看"吗？这种对暴力事件无视、无知的态度，就已经揭露出你内心的自私和冷漠。

而作为被霸凌者，显然受到的伤害是最大的，不仅要承受霸凌者带来的身体痛苦，还要承受旁观者带来的内心痛苦。这也许就是很多被霸凌者仇恨世界和产生厌世思想的主要原因。

因此，作为青春期的女孩，一定不要做校园霸凌的参与者与旁观者，这不仅会给别人带来伤害，也是对自己成长的极不负责。如果发现有人被霸凌时，我们要及时阻止，但前提是先保护好自己的安全，尤其当霸凌者说"别管闲事"或"你是不是也想挨揍"时，我们更要谨慎一些。你可以先了解一下情况，然后去寻找老师或其他成年人帮忙，阻拦霸凌的发生，用更安全、更理性的方法来帮助被霸凌者摆脱暴力困境。

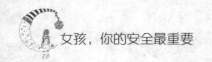
攀比、炫耀真的高人一等吗

一位北京某重点高中的班主任讲了自己班里的这样一件事：

班里有个女孩，名叫娜娜，是个漂亮又时尚的女孩。然而刚刚进入高中不到一学期，跟娜娜一个宿舍的女生就纷纷找到班主任，要求调换宿舍，她们都表示不愿意跟娜娜在一起住。

班主任觉得很奇怪，就跟大家了解原因。原来，大家都不太喜欢娜娜，是因为娜娜太爱在她们面前炫耀自己了，甚至还常常觉得自己高别人一等，对同宿舍的女孩颐指气使，一副高高在上的样子，动不动就跟同宿舍女生说："我条件好啊，当然就要享受好的待遇！"

几个女孩还跟班主任反映了很多情况，从娜娜家开的公司，到她身上穿的名牌时装、3000元的限量版运动鞋、脖子上戴的上万元的项链，以及她使用的名牌化妆品……全宿舍女生没有不知道的，甚至全班同学都领教了娜娜的优越感。

不仅如此，娜娜还特别爱跟其他女孩攀比。班里也有几个家里经济条件较好的女孩，每次只要这几个女孩中哪位穿了新衣服或用了新文具等，娜娜第二天就会穿上或用上同款甚至更好的，绝不"落后"其他人。这也导致她的朋友越来越少，大家都不喜欢跟她在一起。

对美、对名牌的追求，是很多女孩的强烈欲求。我们不能说这种追求不对，只能说有人对它的欲望比较平淡，有人的欲望会更强烈。尤其是许多青春期女孩，受社会中一些不正确价值观的误导，追求名牌、追求奢侈的生活，喜欢攀比、炫耀，甚至认为有钱就高人一等。在这种心态下，很多女孩的做法也令人难以置信。

这种行为其实多与女孩的价值观有关，在一些完全拜金主义和金钱至上的价值观里，财富确实能够为她们的生活贴上炫目的光环。但是，光环虽然绚烂无比，却无法掩饰她们真实的人生。只迷恋外部光环的人，常常也会虚度生命、空掷时光，而人生真正的意义却在于你为社会创造了多少价值，为这个世界增添了多少美好。金钱的确有一些力量，但金钱并不是万能的，拥有金钱也并不会高人一等，所以也根本不值得你如此炫耀、膜拜和追求。

这也提醒校园里的女孩子们，一定要认真审视自己的欲望：

一、对财富有清醒的认识

很多女孩觉得自己家里有钱，就自带着一种优越感。甚至有些家庭条件不是很优越的女孩，也要用上各种各样的名牌，以炫耀自己的优越，引起别人的关注，或者想以此博取别人的羡慕，满足自己的虚荣心理。

其实，我们完全没必要这样做，因为不管你的家庭是不是富裕，那些钱都不能算是我们的，而是父母的。所以，即使你肆意挥霍父母的钱财，炫耀的也不过是父母的财富，这本身并不值得骄傲和炫耀。

相反，我们不仅不应该炫耀这些财富，还应该保持谦虚的姿态，甚至以父母为榜样，努力学习，提升自己的能力，让自己以后具备与父母一样出色的才能，未来比父母更优秀，这才是我们最应该做的事情。

二、不向他人炫耀自己的名牌

一些女孩还喜欢跟同学、朋友等炫耀自己所拥有的各种名牌，如名牌衣服、名牌手表、名牌书包、名牌项链，等等。不得不说，这样确实能引来其他人的注意和羡慕，让自己的心理获得了满足感。但是，这种注意和羡慕大

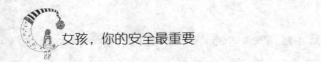

部分都不是善意的，因为面对一个喜欢炫耀的人，周围人可能会有羡慕，但更有可能是嫉妒，甚至一些不怀好意的人还会因此而产生不轨心理。

2009 年 12 月的一天，大连市金州区的一个女孩被人抢劫，民警得到消息赶到现场时，女孩浑身是血地躺在路边，幸好抢救及时，女孩才保住了一条命。

后来民警了解到，女孩当时 19 岁，在网上认识了一个男网友王某，两人聊得很开心。在跟王某聊天时，女孩经常炫耀自己家里是做大生意的，很有钱，于是王某便动了坏心思。他以带女孩去看雪景为借口，将女孩带入山里，然后将女孩打晕，扔在路边，又用女孩的手机与她家人联系，要求女孩家人给他打 50 万元。幸好女孩后来清醒，向附近的防火检查站求救，才捡回了一条命。而女孩母亲也及时报警，王某被抓获。

可见，炫富不仅不是什么值得骄傲的事，还可能给自己招来危险。不管是对同学、朋友，还是对外人，都不要轻易炫耀自己的财富、名牌，保持低调有时并不是坏事。

三、坚决杜绝攀比心理

有时候，一些女孩可能觉得自己并不会主动炫富，但一看到周围其他人炫富，就有点沉不住气，于是也要表达自己并不比别人差，与别人进行攀比。

其实这完全没必要，财富、名牌等都只是外在的条件，我们此时最重要的任务是学习，是提升自己的综合能力。只有自己的能力足够强大，未来才会更有实力，而实力才是真正值得攀比的。所以，自己努力学习，取得更出色的成绩，让自己内心更充盈、更丰富，才是我们当下比攀比、炫富最重要的事情。

学会拒绝，才不会让自己烦恼丛生

一位老师说起了自己班里的一个女孩小彤。

小彤是个热心、善良的女孩，学习成绩也不错，但就有一个毛病：啥事都不懂得拒绝，或者说不敢拒绝。在班级里，不管谁对她提出什么要求，要求多么不合理，她也不会拒绝。有时实在过分的，她就沉默不语，结果对方也认为她是默认答应了。

有一次，班里一个男生朝小彤借钱，小彤明明自己没钱，也不好拒绝，就朝同桌借钱。同桌很不理解，就对小彤说："你明明自己没有钱借给他，为什么不拒绝他呢？"

小彤却小声说："我怕他觉得我小气……"

同桌一听，更气愤了，说："你没有义务借钱给他啊，既然自己没有，那就直接拒绝好了！你这次借给他钱，他下次没钱还会跟你借，至于什么时候还，还不知道！你这完全是没有底线……"

"那你到底借不借给我呀？"小彤盯着同桌问。

"我也没钱，何况有钱我也不借，你太没底线了！"同桌直接拒绝了小彤。

后来，小彤的同桌在一次跟老师聊天时，聊起了这件事。老师很担心，小彤这样胆小懦弱，只会用讨好的方式对待周围的人，以后长大了会不会受到伤害呀？

这位老师的担忧没有错，不懂也不敢拒绝的小彤，对别人提出的要求一

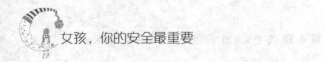

味地满足，只会让别人变本加厉，最终给自己带来无尽的烦恼。

但是，我们身边却有很多这样的女孩子，觉得拒绝别人是一种非常不礼貌的行为，让她们说出一个"不"字简直比登天还难。不管什么时候，对于同学、朋友的一切要求或请求都统统答应下来，总想着哪怕自己吃点亏，自己委屈一点，也不能拒绝别人。因为在她们看来，拒绝别人就是一种不好的行为，很容易伤到别人的心，最主要的是怕别人因此而冷落自己，让她们失去朋友。

实际上，在别人向她们提出要求或请求时，她们也想要拒绝，可演练了无数次的话语最终还是在别人一句话中化为沉默和点头。在答应之后，她们又会感到深深的自责，但下次再遇到同样情况时，她们仍然会答应。就这样周而复始，严重时甚至会给自己带来很大的麻烦。

2017 年 3 月，在杭州市滨江区某小区的一幢高层公寓里，一位花季女孩从 19 楼坠楼身亡，令人叹息！警方经过调查发现，女孩并不是自己坠楼的，而是被和她一起合租的富二代男同学从 19 楼推下去的！

原来，这个男同学与女孩是高中同学，男同学一直单恋女孩。后来男同学出国留学，两人也保持着一定的联系。回国后，男同学便找到女孩所在的城市，和女孩以及她的一位同事合租。男同学称，他给女孩买了很多名牌，包括包、鞋子、相机、项链等，女孩都接受了，甚至还一起旅游，费用也是由他出的。但当他向女孩表白时，女孩就说再了解了解、考察考察。在男同学看来，女孩这就是把他当成了备胎，一气之下，他动了杀心。

实际上，如果女孩不喜欢这个男同学，在一开始就应该果断拒绝，也不收对方的礼物，让对方完全失去希望，也许就不会有后来这样的悲剧了。可惜她一直没有明确拒绝，一直让男同学觉得自己有机会，可又得不到女孩确切的回答，最后丧失理智，杀害了女孩。

从这些案例中可以看出，不管是情感还是其他，女孩都要学会拒绝。而且有些拒绝也不会让你失去什么，真正的友谊更不会因为你的拒绝就消失，相反，它反而能让留在你身边的人更加有质量，别人也会知道你是个有底线、有原则的人，从而对你更加尊重。

当然，学会拒绝也不是说我们对别人的请求或要求全然地拒绝，而是学会分辨，有选择性地拒绝。

一、理性认识自身的能力

是不是拒绝别人，主要取决于我们自身的能力。一些人提出的要求或请求可能超出你的能力范围，这时你就可以拒绝，并且耐心地跟对方解释清楚你拒绝的理由。

这就提醒女孩们，一定要理性地认识自身的能力，确定自己的能力范畴，知道自己能做什么、不能做什么，以及在接受别人的请求，要帮别人做事时，需要耗费自己多少精力等，都要弄清楚。

有些女孩不会拒绝别人，别人让做什么都答应下来，结果答应后发现，自己根本无力解决。于是只好求助别人，就像案例中的小彤一样，明明自己没钱借给同学，却因为怕同学说自己小气，自己又去借钱……在这种情况下，别人就会产生一种误解，认为你有能力帮助他，那么下次他很可能会向你求助类似或更难的事情，让你更加为难。

二、弄清对方的目的

在你决定是要接受或是拒绝别人的请求时，除了考虑自身能力外，还要弄清对方的目的。如果发现对方带有恶意，或者对你有更过分的要求时，一定要及时拒绝，不要像上面案例中被男同学推下楼的女孩那样，明知道对方的"动机"不纯，却一直不会拒绝，最终导致悲剧的发生。

因此，当别人对我们提出要求时，我们不能一听到自己能做到就马上答应，而是认真考量一下，对方为什么要求你这样做？只有弄清了对方的目的，了解了对方的人品，再决定是接受还是拒绝，才比较理性。

三、用合适的语言来拒绝

有些女孩一听说不能随便答应别人的要求，要学会拒绝，立刻硬邦邦地对请求者说："不行。""不可以。""我不干。"……哪怕是对于异性的好感，也一副冷冰冰的态度。这样是很难给对方留下好印象的，如果对方是个小心眼儿的人，还可能因此记恨你，或者与你发生冲突。

所以，在拒绝别人时，我们也要掌握恰当的方法，比如可以跟对方说："很抱歉，虽然我很想帮你，但我现在确实没时间。""不好意思，你的问题我解决不了，要不你再问问别人？"如果是异性向你表示好感，你在拒绝时也要注意，要让语言礼貌而坚定，如："我认为我们现在还是以学习为重，其他的事等我们考上大学后再来谈，是不是更好呢？"

总而言之，学会拒绝，而不是盲从，这是青春期女孩应该掌握的语言技巧。在拒绝别人时，还要保持礼貌和对对方尊重的态度，然后简单解释一下自己为什么不能答应或不能接受，最后也可以给出适当的建议。这种拒绝方法既不会让对方丢面子，又能使对方更容易接受。

拒绝校园贷，远离青春债

2016年3月，河南省郑州市某高校的一名在校大学女生小雅，用自己身份及冒用同学的身份，从不同的校园金融平台获得无抵押信用贷款高达数十万元，无力偿还后选择跳楼自杀。

事情发生后，警方介入调查。调查发现，小雅的家庭条件一般，进入大学后，她发现很多女孩都身穿名牌，用着名贵的电子产品，身边还经常围绕着男生的追求。自己虽然长得不错，但与同宿舍的几个女生比起来，家庭条件还是让她感到很自卑。

就在这时，校园里五花八门的小广告引起了小雅的注意，其中就有"校园贷"，上面写着不用抵押、当天放款、利息极低等，让她很动心。于是，小雅就抱着试试的态度申请了一次，没想到一下子就获得了1万元的贷款。

这钱来得太容易了！利用这笔钱，小雅给自己买了两身新衣服、一台新手机、一台笔记本电脑。之后，小雅又借了几次，但因为没钱还，她只好借东墙补西墙。后来借不出来了，她就偷偷用舍友的身份证申请。然而利息越滚越多，不到1年，原本只借了3万多元，最后却"滚"到了14万元。小雅不堪重负，又不敢跟家人说，每天痛苦不堪，后来听说有"人死债消"的说法，于是选择跳楼自杀，导致了悲剧的发生。

近几年来，一些学生因向校园贷贷款而背上巨额债务的新闻不断出现在我们的视野中。很多学生在误入借贷陷阱后，因无力偿还贷款而遭到放贷人

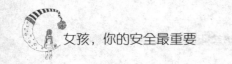

的各种残暴催债，甚至被迫辍学、自杀。

实际上，像案例中小雅这样因为校园贷而受到伤害甚至付出生命的女孩还有很多。比如，2017 年 4 月，福建省泉州市一所高校旁的某宾馆内，一名19 岁的女孩关紧门窗，点燃了早已备好的煤炭，自杀身亡。而警方在调查后发现，这名女孩是厦门某大学的大二学生，为了借钱抵押了自己的通讯录信息，并拍下大量裸照。可是后来利滚利，她根本无力偿还高额的利息，于是放贷公司将她的裸体身份证照片发给了她的父母和同学，并迅速在网上传播开来。不堪重负的女孩，只好选择自杀。

这样的案例比比皆是，每一桩都不禁令人扼腕叹息。为杜绝这种现象，2017 年 9 月，教育部和银监会出台明确规定，坚决杜绝校园贷出现，并勒令网贷机构停止向在校学生放贷，多家校园贷平台不得不因此停止业务，退出这一市场。但是，仍有一些女孩会到其他网络平台借款。而且我们发现，在申请贷款的人群中，女生人数要远远多于男生，为什么会有这样的现象呢？

这其实与很多女生的消费观念有关。与男生相比，女生的消费欲望更高，喜欢漂亮的衣服、高档的化妆品、昂贵的电子产品……这些对于女孩来说，基本都属于巨额消费。尤其很多女孩又爱攀比，当从父母那里拿的钱无法满足自己的虚荣心后，她们可能就会走歪路。而一些不法分子正是抓住了女孩的这一特征，通过各种途径主动联系需要用钱的女孩，诱惑她们一个个不能自控地落入陷阱，校园贷现象就这样产生了。

可见，校园贷已经严重危害到校园的安全和秩序，更危害了学生的尊严与生命。作为女生，我们一定要拒绝校园贷，不要在自己美好的青春里欠下巨额债务。

一、建立正确的消费观

有调查显示，在陷入校园贷陷阱的学生中，没有一人是因为交不起学费、缺少生活费而去贷款的，都是因为盲目的超前消费才申请的。很多借了校园贷的女孩，更是将借来的钱大部分用于购买服饰、化妆品、电子产品以及进行各种娱乐活动上。当手里的生活费用完后，很多女孩的欲望满足不了，就会通过其他方式获得钱财，来满足自己的消费欲望，校园贷就成了她们首选的方法。

为了避免校园贷给女孩带来的伤害，最简单有效的方法就是建立正确的消费观，手里有多少钱就花多少钱，绝不超前消费，更不要去追求所谓的名牌、高档消费。

为避免花费超支，你也可以自己做个账本，把每个月大约需要花费的项目列出来，如伙食费、生活开销、学习资料等，然后把每次花的钱都记录在上，并且在月底进行分析，看看自己本月的消费是否超支，从而舍弃不理性的消费，养成良好的消费习惯。

二、树立正确的价值观

事实上，很多女孩之所以有一些不合理的消费习惯，与她们错误的价值观有着密切的关系。女生之间很容易有攀比、炫耀之心，这就令她们的消费变得非常不理性，追求名牌服装、名牌化妆品等，也成了她们互相攀比的一部分。

但是，这样的攀比和炫耀都是需要用金钱支撑的，如果没有足够的金钱用于消费，她们就会通过一些贷款来满足。尤其一些女孩为了尽快拿到贷款，不惜提供自己的隐私信息，选择"裸贷"，将自己的身份信息、裸照等尽数交到借款方手中，丝毫不担心自己会被控制威胁，结果也给自己招来了无尽的麻烦。

这些所谓的名牌、奢侈的生活，真的值得如此追捧吗？为此甚至不惜走上歪路？真正正确的价值观，绝对不是用金钱来衡量一个人的身份与价值；你是否真的比别人强，也不是看你身上的名牌有多贵。这些外在的东西，根本不能真正体现出一个人的价值，只有你所拥有的知识、素质和丰盈的内心，才是你的真正实力。

所以，女孩们千万不要枉费自己的青春，去追求这些毫无意义的东西，

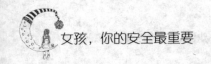

否则最终的悲剧只能自己买单、家庭买单。

三、从正当渠道获取钱财

实际上，不管我们身处什么样的环境中，都要控制住自己过分的物欲。如果真的需要钱财，而家庭条件有限，不能满足我们的需求，我们也可以通过勤工俭学、诚实劳动来获得，这才是以我们的身份能赚取金钱的可取方式。或者真有困难时，也可以通过求助老师、学校或正规的社会救助等正当渠道来解决问题。千万不要想着通过不靠谱的校园贷平台一下子获得一时的经济满足。

总而言之，女孩在对面临各方面的问题时，应该多一些预判，恪守住自己的道德底线。即便你使用了网贷，也一定不要把自己的裸照发给别人。试想一下，如果对方不肯删除你的裸照，甚至用到一些不正当的地方，你该怎么办？这就完全由不得你把控了。即使不小心陷入其他网贷，真出现还款问题时，也要及时向家人、长辈或者法律求助，这远比交出自己的身体隐私要理性得多。

第 5 章

让青春之花绽放——远离社会中的风险与诱惑

对于女孩来说，青春期是花一样的年纪，是阳光的、美好的、纯洁的，但同时也是危险的。这个时期的女孩缺乏一定的自我保护能力和自我控制能力，容易被外界不良环境所影响。而社会上又存在着诸多的风险与诱惑，如诈骗、赌博、吸毒等，一旦女孩被这些恶习沾染，青春就会失色，人生也会暗淡。因此，青春时期的女孩一定要保护好自己，远离社会上的诸多禁区，让自己健康、阳光地成长。

每句甜言蜜语，都标好了价格

浙江省杭州市一个 44 岁的男子齐某，从 2019 年起，就隐瞒自己的真实姓名、年龄等，通过微信、陌陌等社交软件大面积"撒网"，认识各种年轻的女孩，其中一些女孩都是初高中的学生。

在与这些女孩联系时，齐某都声称自己是"海归"，现在在全国几个城市都开办了自己的公司，主营金融业务。每次跟女孩聊天，齐某都是各种甜言蜜语，一口一个"妹妹"地叫着，偶尔还会给这些女孩发个红包，让她们去买零食、买衣服、买化妆品。

等齐某发现这些女孩渐渐离不开自己后，就开始约女孩见面，然后自己精心打扮一番，带着女孩去高档餐厅吃饭、唱歌，到商场买衣服，女孩觉得自己简直是遇到了"真命天子"，对齐某言听计从。在这种"糖衣炮弹"的轰炸下，齐某开始对女孩提出发生性关系的要求，女孩半推半就地同意了。

有一次，齐某又想跟一名新认识的女孩发生关系，但女孩很抗拒，齐某便不顾女孩反抗强奸了她。女孩回去后报警，齐某被抓。至此，齐某的嘴脸才被撕开，原来他就是个四处骗钱的无业游民，而被他欺骗性侵的女孩达 7 人之多，其中还有两名女孩不足 14 周岁。

几个年少无知的青春女孩，仅仅因为对方的几句甜言蜜语和一点金钱的诱惑，就对对方深信不疑，甚至愿意交付自己的情感和身体，殊不知，对方的每一句甜言蜜语，都在暗中标好了价格。齐某欺骗未成年的女孩确实可恶，

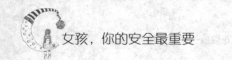

但同时，女孩们是不是也要反思一下自己，为什么那么多女孩，偏偏你会心甘情愿地跌入他的罪恶陷阱呢？

归根到底，这恐怕就是难以抵挡社会上诱惑的结果。进入青春期的女孩，既对成年异性感到好奇，又涉世未深，难以分辨真假好坏，一旦有一位成熟、温柔又多金在男子出现在自己身边，对自己嘘寒问暖，想必任何一个青春女孩都会动心。如果对方再适当在女孩身上花点钱，给予一点物质诱惑，那么一些心志不坚定的女孩就会彻底沦陷。

沦陷的结果是什么？案例中几个女孩的遭遇就是警钟。正值美好的青春年华，我们本来可以用充足的时间去学习、去增长知识和见识、去开拓自己的视野，却轻而易举就被这些心怀不轨的人用几句花言巧语和少许金钱欺骗，这是一件非常可悲的事。

那么，女孩们要怎样避免被社会上一些不怀好意的人欺骗呢？

一、不要随便在交友软件上交友

进入青春期后，女孩在生理上发生了很大变化，身体逐渐发育成熟，然而心理上并没有伴随着身体共同成熟，再加上学业压力的逐渐增大，女孩们便很容易出现敏感、叛逆、烦躁等不良情绪。在这些情绪影响下，女孩渴望被重视、被理解，渴望能有人听她们倾诉。而很多成年异性就是抓住了女孩的这种心理，在各种交友软件上广泛撒网，一旦有女孩上钩，就会对着她们甜言蜜语，呵护备至，使这些涉世未深的女孩一下子就体会到了"知音"的感觉，很快也从心理上依赖对方，接下来发生的一切也就不足为奇了。

由此可见，女孩要避免被欺骗、被伤害，就要尽量避免在一些社交软件上交友。网络的对面都是陌生人，你永远不知道和你亲亲热热聊天的人什么样。尤其是现在的社交软件众多，如果毫无顾虑地对上面的"朋友"倾诉内心、吐露情感，很容易被对方欺骗和利用。

实际上，我们在现实生活中也可以建立自己的朋友圈，交到很多有益的朋友，他们也能在你遇到困难或心情不好时给予你帮助、鼓励和安慰，而且是更加实实在在的帮助。

二、控制自己的欲望，保持清醒的头脑

对于青春期女孩来说，想要不被各种诱惑所吸引，远离伤害，就要学会控制自己的欲望，多多充盈自己的精神世界，这样才能让自己保持清醒的头脑，成为一个理智、自信、优秀的女孩。

但是，现实中总有些女孩控制不住自己的欲望，一旦有人给点儿好处，就像案例中的齐某一样，不仅对女孩花言巧语，还时不时地给女孩发几个红包、请吃几顿饭、买几件衣服，女孩就会主动进入了对方的圈套之中。而一些坏人也恰恰抓住了女孩的这种心理，经常对其施以小恩小惠，让女孩难以自拔。殊不知，对方正张开欺诈的口袋，等着你一步步地钻进去呢！

所以，女孩们一定要清楚，天上不会突然掉馅饼，"知音"和"真命天子"也没那么容易找到。管好自己的欲望，多用知识丰富自己的内心，才会拨开这些诱惑，看到更光明的未来。

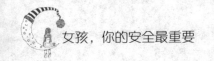

不贪心，就不会上当

2020 年 1 月，四川省成都市一位高二女生小美，在微信上收到一个人的添加申请，申请说明是：帮忙刷单，每天轻松 300 元。小美心想，现在正值假期，不如趁机兼职赚点零花钱。

于是，小美毫不犹豫地添加了对方的微信。在询问对方具体操作方法后，对方让小美先用手机下载一个 APP，并让小美按照他的提示操作。小美下载后，按照对方要求注册了个人账户，还绑定了自己的银行卡。随后，对方表示，要先在该 APP 平台接取任务，等任务完成后就能赚取收益了，按照每单接取任务的大小来抽取提成，提成收益为 2%。

对方还强调，这不算是刷单，是通过平台帮助商户店铺提升销售流水，所以要先在注册平台存入一定接取任务的资金，通过商户派发任务，系统匹配的形式派发。当你完成任务后，相应的任务金及提成会一起返回收款账户。

于是，小美就向账户里存入了 400 元，开始抢购衣服、鞋子等商品。5 分钟后，本金和收益金真的返回来了。这让小美很开心，她马上又开始抢购新任务，这次她想多赚点，于是偷偷拿妈妈的手机向自己的账户里转了 2 万块钱，然后全部投了进去。谁知道，这次的金额却没返回来，而她再询问对方，却发现对方已经拉黑了她！

小美这才意识到自己被骗了，她赶紧告诉妈妈，妈妈马上报警。警察经过几个月的侦查，才捣毁了这个诈骗团伙，帮小美要回了被骗的钱。

俗话说，"贪小便宜吃大亏"。只看到眼前的小利，就盲目地相信对方，并盲目地按对方要求投入时间和金钱，结果只会因小失大，落得个上当受骗的结局。

在不影响正常的学习、能力允许的情况下，女孩适当做一些兼职并没有坏处，既可以帮助自己丰富阅历，增长社会见识，又能通过自己的努力赚取一些零花钱，可谓一举两得。但前提是你一定要通过正常、可靠的渠道来赚取，千万别被一些所谓的刷单返现、先付款后返利等骗局欺骗，最后落了个竹篮打水一场空。就像案例中的小美一样，一看到对方说每天能赚300元就心动了，根本没有认真思考，对方的刷单行为是不是合法？万一投入的钱拿不回来该怎么办？甚至刚看到一点小利，就头脑一热，一下子投入了 2 万元，这简直太不理智了。

其实，很多骗子都抓住了女孩的涉世未深、容易相信别人的特点，打着各种"在家兼职，轻松赚钱"的口号，骗取女孩们的信任。殊不知，天下没有免费的午餐，天上也不会白白掉馅饼，收获一定是与付出成正比的。只有牢记这些"老道理"，才能守好底线，不轻易上当受骗。

一般来说，骗子会通过以下几种方式来实施诈骗：

一、先交款，后返利

有些骗子会像案例中小美遇到的那样，现在让你交一部分钱，然后对方进行一番操作后，再连本带息返给你。或者先让你交付一部分货款或押金，购买一部分产品，要求你做校园推广，之后再把货款或押金与返利一起给你。

在第一种情况下，刚开始对方为了"放长线钓大鱼"，可能会连本带利一起返给你，目的是让你看到好处，继续投入更多的本金；而当你的本金投入很多后，对方就会突然消失，带着你的本钱和返利一起跑路了。

在第二种情况下，对方让你推广的产品通常都是一些假冒伪劣的产品，甚至有些人拿到你的货款和押金后就消失了，根本不会给你任何产品。

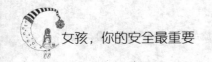

所以，如果有人要你先交钱后返利，或者先交货款、押金等，一定要当心，不要轻易相信对方，以免上当受骗。

二、网上兼职加盟费

有些网站为了骗钱，会不断在网站上面宣传他们的加盟费多低、利润多高，产品多么好销等，以吸引人前来加盟。

一些女孩看到这些，可能就会很心动，在上面偷偷缴纳费用。然而，这些网站一旦发现有人上当，就开始利用各种名目收费，如宣传费、产品包装费等等。有些女孩为了把之前缴的钱收回来，只好按照对方的要求不断充值，结果被骗的钱越来越多，最后血本无归。

三、免费试用或低价试用

我们在外出时，经常会看到一些美容、美发等机构，打着"免费试用""低价试用"等宣传语吸引顾客。有些女孩出于爱美之心，可能会进去试用，然而在试用过程中，有些工作人员就会"忽悠"一些女孩，让她们多尝试几款，让她们变得更美，但却不提前报价钱。由于虚荣心的作祟，有些女孩稀里糊涂就被套入了陷阱。

2018 年 11 月，广西壮族自治区一个女孩到理发店理发，没想到一次简单的理发竟然消费了 2 万元。原来，女孩在理发过程中，工作人员表现得很热情，说女孩的眉毛不太好看，影响她的整体形象；还说女孩五官这么精致，如果眉毛再修一修，简直就完美了。

女孩禁不住对方的吹捧，就说让对方帮忙修一修。做完后，工作人员又推荐她纹眼线，女孩也稀里糊涂地答应了。

可是到了结账时，女孩傻眼了，她这次一共消费了 2 万元，简直就是明显的欺诈。后来女孩报警，才得到了妥善解决。

作为女孩，要变美并没有错，但一定要适度、不贪心，同时更要擦亮眼睛，不要轻易被对方的几句好话或恭维所迷惑，稀里糊涂上了当还不自知，最终只会自己吃亏。

事实上，女孩的气质美往往比外表美更容易打动人。如果一个女孩的气质提升了，那么她的美就会由内而发，外在自然也会变得赏心悦目起来。要实现气质美，我们就要多读书、多学习，提升自身修养，这要比任何一种人为制造的美更自然、更长久。

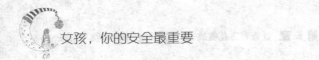
离家出走绝不是明智选择

'2020 年 12 月的一天，当山东省青岛客运段值乘的青岛开往成都的 K205 次列车运行到郑州站至汝州站之间时，列车长接到了铁路 12306 转来的一个求救信息。该信息称，这次列车上有一位离家出走的女孩，让列车长和乘警长马上帮忙寻找，并联系其家人，把女孩接回家。

列车长和乘警长马上开始在车厢内寻找，很快，他们就在一个车厢中找到了这个女孩。经了解，女孩小朱刚刚 15 岁，因为与父母闹脾气，便自己偷偷拿了家里的钱，买了到成都的车票，打算到成都去见网友。

一开始，列车长和乘警长都劝说女孩赶紧联系父母来接她，但女孩说什么都不肯回家，称自己在家太压抑了，父母不理解自己，还称自己要见的这位网友是一个特别贴心的大哥哥，对自己特别好，经常安慰、开导自己，这次还专门邀请自己到成都"散散心"。

经过长时间的劝说，女孩才终于同意联系父母。正好女孩的叔叔在附近的城市出差，乘警长便联系女孩叔叔到下一站，将女孩接回了家。

青春期的女孩，在学校或家里难免会遇到不顺心的事，比如学习压力增大、跟同学闹矛盾、考试成绩不理想、早恋被老师或家长发现并干涉……由于年龄较小、阅历不足，并且处于这个时期的女孩又很敏感，一旦遭遇他人的否定，就会难以承受、无法面对，也很难理智地处理。在这些压力下，一些女孩就会选择离家出走，逃避眼前的烦恼。

但是，离家出走实在不是一种明智的选择。现在的社会，绝不像你想象得那么美好，很多坏人一旦发现你孤身一人，就可能对你临时起意，进行迫害，比如诱拐、抢劫、绑架、性侵甚至杀害等。

2016 年 11 月的一天，武汉市武昌分局派出所里就来了一个小女孩，经过询问，这个女孩的家远在贵州，因为不堪继母的打骂，她孤身一人坐火车去杭州寻找自己的亲生母亲。没想到，女孩却在火车站遇到了一个"奇怪的叔叔"。这个男人声称陪她一起去找妈妈，然后将女孩带上了去往武汉的火车，还称从武汉到杭州更方便。

到了武汉后，这个男人把女孩领到一家旅馆，虽然没对女孩做什么，但却不允许女孩出门。女孩很害怕，趁男人出去付房费的空隙，偷偷从旅馆跑了出来，在外面边跑边打听，找到了派出所。而当民警赶到旅馆后，却发现那个男人已经不见了。

后来，民警联系到女孩的妈妈，结果发现女孩的妈妈根本不认识这个男人。警方经过大范围搜索和网上追踪，最终将这名男子抓获。原来，这个男人见女孩孤身一人，就临时起意，想把女孩带回自己的老家卖掉。幸好女孩机灵，才逃过了一劫。

但是，不是每个女孩都能有这样的运气。要避免这些伤害的发生，女孩在遇到不顺心时，就要寻找恰当的方法来调整自己的状态和情绪：

一、向朋友、家人等进行倾诉

当我们遇到不顺心的事时，可能很想逃避，但逃避永远不是解决问题的有效方法。只有积极面对，寻找正确的方法调节自己的情绪，才能让自己慢慢走出困境。

所以，在遇到问题时，我们不妨向亲近的朋友、家人等倾诉一下，或许朋友、家人的一句话就能让你豁然开朗。与此同时，这种方式还能让你的不

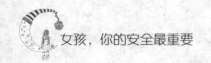

良情绪有了宣泄的渠道，而不至于使你过于压抑，做出不理智的事情来。

当然，前提是你一定要结交乐观、自信、心态积极的朋友，这样在向他们倾诉时，他们才能给予你一些有益的建议或帮助。不要向一些认识不久的网友、社会上的人倾诉，以免被对方蛊惑，走上歪路。

二、做个勇敢、乐观的女孩

如果有一天你学业有成，走上职场后，你会发现，自己在青春期时所遇到的问题实在不值一提，更不值得负气离家。所以，在青春时期面对一些困难时，我们要做的就是积极想办法解决问题，让自己变得勇敢、乐观，尽快成熟起来。不管是在学习还是生活中，遇到问题、困难、挫折都是难免的，每个人的人生都不可能一帆风顺，只有积极、乐观地面对，才能拨开层层迷雾，寻找光明的未来。

三、平时多与父母沟通，听听父母的人生建议

作为过来人，父母的人生经验和阅历比我们丰富得多。虽然他们有时可能有些唠叨，对你要求严格，但他们的每一句唠叨、每一个要求里，都装满了对你的爱和关心。如果你因为一点儿事情就选择离家出走这种极端的处理方式，势必会给父母带来深深的伤痛和失望。

所以，遇到问题时，不妨多与父母进行沟通，对他们敞开心扉，在一些问题上听听他们的建议。如果实在心情烦躁，也可以让父母陪伴我们出去散散心，缓解我们内心的压抑。在这个过程中，我们不仅能与父母的关系更加亲密，父母也会和我们一起想办法，解决眼前的困境，陪我们一起渡过难关，迎接更美好的未来。

机智应对跟踪、劫持和绑架

2018 年 11 月的一天早晨，广州市天河区初三女生小杨像每天一样，出门去上学。由于距离学校不远，小杨都是步行去学校。然而那天，当小杨走到路边的一个公厕旁时，忽然从公厕里窜出一个人，一下子就把小杨拖拽到公厕里面，并捂住小杨的嘴，准备要对小杨实施侵犯。

小杨急忙挣扎，并表示要说话。男人掐着小杨的脖子，松开了她的嘴，恶狠狠地说："你要敢叫，我就掐死你！"

小杨忙说："叔叔，叔叔，我不叫、不叫，但你……你别伤害我，我给你钱，给你钱行不行？"

"我不要钱！"男人说完，就开始扯小杨的衣服。

小杨又忙说："叔叔，叔叔……这里太脏了，我们……换个地方行不行？而且现在是早上，一会儿肯定有人来上厕所，肯定会发现我们。我们出去，我保证不叫，不叫……"

就这样，小杨一边拖延时间，一边盼着赶紧有人来。就在这时，还真的有人来上厕所，小杨立刻大声叫起来。男人一听，一把把小杨推到一边，仓皇逃跑了。

小杨马上打电话报警，根据附近的监控和小杨提供的这个男人的特征，几天后，劫持小杨的沈某就被抓获了。

当我们遇到坏人，被坏人跟踪、劫持、绑架时，该怎样应对？该不该呼救呢？案例中小杨的做法或许能给我们一些启示。

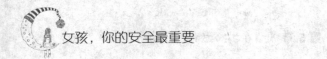

通常情况下，如果你周围没有人，一旦你大声呼救，不但不能引起周围人的注意，反而还可能激起犯罪分子的杀心，最后受到更严重的伤害。如果周围有人，或者你已经听到附近有了脚步声，再大声呼救才有可能保全自己。

不过，虽然我们有时候可以大声呼救，但也要分清场合，有的场合呼救可能只是白费力气，有的场合则可能大有效用。

那么，女孩在遇到坏人时，哪些场合该呼救，哪些场合要慎重呼救呢？

我们结合多个案例的经验和教训，总结了"三喊三慎喊"原则。其中，"三喊"就是指三种情况下可以呼救，"三慎喊"就是在三种情况下要慎重呼救。

一、"三喊"的情况

哪三种情况下可以大喊呼救呢？

首先，当你的身边有异性朋友或同学时，可以大声呼救，以此引起他们的注意，让他们用最快的速度来帮你脱离危险。

其次，当你发现周围有保安、交警、警察等经过时，就可以大声呼救，他们一定会对你出手相救。

此外，当你在街道繁华地段被困时，也可以大声呼救。这些地段活动的人较多，只要有人听见，就一定有人出手相救。而且坏人通常也不敢在人多的地方对你做出一些伤害行为，只要有人发现，他们一定会想办法尽快逃走。

二、"三慎喊"的情况

为了引起别人的注意，对我们实施解救，我们需要找准合适的时机大声呼救。但是，有些情况下就要慎重喊叫呼救，否则不仅无济于事，还可能给我们带来更大的伤害。

哪三种情况不建议你呼救呢？

首先，直觉让你感到很危险时，不要轻易呼救，因为此时犯罪分子正处于高度紧张状态，随时可能会对你做出侵害行为。而你一旦大声呼喊起来，就极有可能刺激到对方，使对方想尽一切办法捂住你的嘴，让你停止喊叫。如果对方用力过大，就可能导致你窒息而亡。这对于你来说，无疑是非常危险的一件事。

其次，在周围无人时也不要随意喊叫，因为就算你此时喊破喉咙，别人也听不到。相反，你的喊叫还会激怒犯罪分子，让对方由于紧张、害怕而对你采取更加极端的方式，如堵嘴、扼喉等。哪怕原本只想劫财、劫色，没想要你命的犯罪分子，也可能因为过度恐惧而做出失控的事情来，这显然是极其危险的。

此外，在吃饭或睡觉时不要大声喊叫。有些女孩一旦被劫持、绑架，就会寝食难安，这是不对的。即便你被劫持、绑架或拐骗，如果不能一时逃脱，也要正常吃饭、睡觉，让自己保持充足的体力，寻找逃脱的机会。相反，如果你在该吃饭或睡觉的时候大喊大叫，就容易激怒犯罪分子，他们不但不让你吃饭，还可能把你的嘴巴堵住，甚至直接打晕你，让你失去更多的求救机会。

由此可见，大声呼救虽然可能会让我们得救，但也可能给我们带来更大的危险。所以，一旦遭遇坏人，我们一定要让自己保持冷静，寻找合适的机会呼救，让周围的人能够发现并帮忙解救我们；如果环境不允许，一定不要以硬碰硬，做一些无谓的挣扎，就算忍辱负重，舍弃财物或其他东西，也要先保住生命。同时，我们还要尽量记下对方的外貌特征，并尽可能与对方周旋，寻找一切机会逃脱或寻找救助。

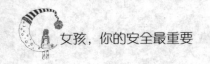

面对陌生人的求助，学会分辨真伪

2013 年 7 月，黑龙江省桦南县的 17 岁女孩小萱，在从医院下班回家的路上，发现一位孕妇忽然倒地，热心的小萱赶紧跑过去帮忙。两个人通过简短的交谈后，小萱便搀扶着孕妇进入不远处的一个单元楼内。没想到，小萱进去后就再也没出来。

当天晚上，该单元楼的监控中忽然出现了一个男子和一个孕妇，两人吃力地拖着一个行李箱，上了一辆红色轿车后离开。

由于小萱一夜未归，家人很着急，便到公安机关报案。三天后，公安机关抓获了被小萱送回家的孕妇和她的丈夫，而小萱已经遇害了。

原来，小萱在送孕妇回去后，孕妇将小萱骗至家中，还"好心"地拿出一盒酸奶给小萱喝。毫无防备之心的小萱喝下"酸奶"后便昏睡过去，结果被孕妇的丈夫白某奸污后杀害，并在事后将小萱的尸体装入行李箱，抛尸荒郊。

这是个令人悲伤的案例。女孩小萱原本做了件好事，不想却惨遭杀害。难道，我们不能做好事、不能做个善良的人吗？

从很小的时候起，父母就教育我们要善良、要帮助别人，然而一片善良之心却换来了恶狼的觊觎，这不能不给女孩的心里蒙上阴影。想想看，不过是送一位孕妇回家，就葬送了自己无辜的生命，这是一件多么恐怖的事啊！

韩国有一部电影，名叫《素媛》，是一部根据真实事件改编的电影。在这部影片中，8 岁的女孩素媛像每天早晨一样，准备自己去上学。由于那天下着大雨，素媛便打着一把伞，蹦蹦跳跳地出门了。

路上，素媛遇到了一个酒气冲天的大叔，大叔请素媛打着伞送自己回家，天真善良的素媛爽快地答应了。没想到，这开启了素媛一生的噩梦。

这个醉酒男人将素媛掳走，并将她带到教会的卫生间内进行了长达几小时的侵犯、虐待，导致女孩身体多处重伤，惨不忍睹。

一切结束后，醉酒男人丢下伤痕累累的女孩，扬长而去，而留给女孩的，却是一生都无法弥补的绝望、痛苦与恐惧。

所以，我们在这里要提醒女孩们，面对陌生人的求助时，一定要学会分辨真伪。不管对方是要问路，还是请你帮忙，都要留个心眼儿，千万别跟随对方去往陌生的环境。事实上，无论是从概率还是从现实统计来看，女孩独自进入陌生环境后，遭到抢劫、强奸等意外状况的可能性都非常大。

那么，遇到陌生人求助时，我们怎样帮助对方，才不会危害自己的安全呢？

一、遇到问路者时，不要直接带对方过去

外出时，如果有陌生人向我们问路，而我们刚好知道，那么不妨口头指给对方。在指路时，一定要注意与对方保持距离，最好是站在原地，用最简洁的话把路线告知对方。若对方表示仍然找不到，你也可以给对方画个线路图，或者建议对方："您可以再问问那边店铺的老板。""要不您拨打 114咨询一下。""要不您用手机导航试试。"……这些都比你直接带对方过去更安全。

但是，如果你遇到的人眼神飘忽不定，不停地四处张望，或者痞气十足、面露凶光，我们最好避而远之，可以用平和的语气说："不好意思，我也不太清楚，要不您再问问别人？"然后尽快离开。切忌惹怒对方，让自己陷入危险的境地。

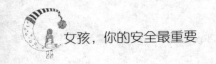

二、遇到其他求助者时，一定要分辨真伪

除了会遇到问路者外，我们有时还可能遇到其他求助者，比如像案例中的小萱遇到孕妇摔倒，请求她送自己回家。在这种情况下，我们一定要懂得分辨真伪。

首先，我们要确定对方当下的情况，如果对方称自己动不了或身体不舒服，并要求你送他（她）回家，你也要结合实际情况思考一下，作为女孩，你是否有力气将对方送回家？如果对方是男性，向你提出这样的求助，显然是不合理的。在这种情况下，我们可以表示帮对方打电话，请对方的家人或朋友过来帮忙；或者帮对方拨打120，请更专业的人来帮忙。另外，如果你能从周围拦到保安、警卫人员等，那就更好了，这样的求助也更有效。

其次，如果对方请你帮忙搬东西到某个地点，也不要答应。因为你是个女孩，可能力气还不如对方大，再者去往陌生的地方很可能对你的自身安全不利。在这种情况下，你可以直接告诉对方："不好意思，我也搬不动，要不我找其他人来帮您试试？"然后转身向其他路过的男性求助，将"责任"转嫁给更强壮有力的人，减少自身风险。

这些方法可以令原本心怀不轨的人心生忌惮，从而避免你自己受到伤害。同时，你也要尽快寻找机会离开，不给对方任何机会控制你。

三、陌生人给的食物或水，一定不要吃喝

有些女孩在帮助了陌生人后，陌生人可能会给我们一些食物、饮料、水等，以此表示对我们的"感谢"。这时，不管对方是否真有感谢之心，我们都不要接受对方的"好意"。在上面的案例中，如果小萱不喝那盒被加了迷药的酸奶，而是及时找机会离开，也许后面就不会有那样的悲剧发生了。

不管在任何时候，女孩都不要轻易相信一个陌生人。如果仔细看现在新闻中一些危险事件时，你会发现很多犯罪分子都是利用女孩的侥幸心理来达

到自己罪恶目的的。也许不是所有的陌生人都是坏人，但一旦你运气不好，遇到一个坏人，又轻而易举地相信了对方，那么你的危险就增加了无数倍。

所以，帮助别人没有错，但女孩一定要学会分辨真伪，更要量力而行，切不可让自己的纯真和善良成了坏人伤害你的理由和借口。任何善行都要建立在能够保全自己的基础之上，就像著名作家王小波说的那样："我当然希望变得更善良，但是这种善良应该是我变得更聪明、更有能力造成的，而不是相反。"

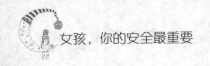

吸烟喝酒的行为一点都不酷

2020年6月，安徽省合肥市某中学14岁女孩欧某，在同学吴某的介绍下认识了社会"大哥"刘某。

几天后的一个周末，刘某称自己生日，让吴某叫上欧某一起来聚聚，给自己过生日。欧某很高兴，觉得这是"大哥"看得起自己，于是打扮一番，跟家长撒谎说去同学家玩，随后跟着吴某一起去给刘某过生日。

当天晚上，跟刘某过生日的还有另外一个人李某，四个人在一个小饭馆吃饭喝酒，一直喝到凌晨。欧某酒量很差，也不怎么会喝酒，一杯酒下肚后，就有点微醉的感觉了。但刘某和李某还极力劝说欧某再喝点儿，欧某禁不住刘某的"热情"，又喝了一杯，彻底醉在桌子上。

凌晨时，几个人吃完喝完后，李某开车先将吴某送回家。随后，刘某和李某将欧某带到一家宾馆，对欧某实施了强奸。

第二天，欧某醒来后，才发现自己被强奸了，这才慌忙给父母打电话，父母报警后，刘某和李某很快被抓获了。而欧某也为自己的醉酒后悔不已，身心都受到了极大的伤害。

对于未成年人来说，吸烟、喝酒本就不是什么好的行为。许多女孩之所以会吸烟、喝酒，多是因为好奇、叛逆或被周围的环境所影响。比如，一些女孩认为吸烟、喝酒是很帅、很酷的行为，可以让自己看起来更成熟、更有女人味。还有些女孩甚至认为这样的行为就是所谓的另类、个性，让自己与其他人比起来更加与众不同。

事实上，是不是成熟、是不是具有女人味、是不是有个性，从来不是通过抽烟、喝酒体现出来的。从未成年人的角度来说，抽烟喝酒的行为既不帅、更不酷，不仅如此，它们还会给我们的健康带来很多伤害。

美国耶鲁大学的莱斯利·雅各布博士在一组年龄为 14~19 周岁的青少年身上调查了吸烟对大脑发育的影响，结果发现，由于青少年身体各系统和器官发育尚不完善，功能尚不健全，抵抗力弱，与成年人吸烟相比，所受的伤害也更大。尤其是烟草中的尼古丁会对脑神经产生毒害作用，可导致记忆力衰退、精神不振，进而影响青少年的智力发育。

喝酒的坏处更不必细说了，既会伤害身体，比如女孩经常饮酒过度容易引起肌无力、性发育早熟、未老先衰等现象，还会对卵子产生毒害，影响未来的正常孕育。再者，长时间饮酒还会使人的身体系统对酒精产生依赖感。有研究显示，青春期女孩更容易在饮酒的同时染上烟瘾。

更严重的是，在外面饮酒还会给自己带来很多安全隐患，就像案例中的女孩欧某一样，一旦遭遇危险，后悔莫及。

所以，青春期女孩要远离烟酒，不要被成年人吸烟喝酒的行为迷惑，而是坚持原则，做好自己。

一、控制盲目的好奇心理和侥幸心理

有些女孩可能会说，吸烟喝酒并不是我主动去做的，而是别人蛊惑我，说吸烟喝酒的感觉特别酷，我才好奇地想试试。

的确，我们不能阻止周围的人吸烟喝酒、约束自己，也不可避免地会遇到一些抽烟喝酒的同学、朋友等。但是，我们可以增强自己的自制力，不因为好奇和侥幸心理去沾染烟酒，让自己染上不好的习惯，甚至给自己带来人身危险。

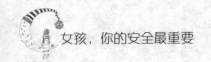
二、培养健全的人格，发展广泛的爱好

处于青春期的女孩，情绪变化快，遇到困难、挫折等，自我调节能力差，因此经常意志消沉、一蹶不振。在这种情况下，一些女孩便称自己吸烟喝酒是为了放松心情，缓解情绪。

而实际上，吸烟喝酒并不能真正帮你解决问题，却只会给你增加更多的烦恼。真正遇到问题时，应该寻找父母、老师、朋友的帮忙，这些人才是真正能帮助你的人。可能你在听完他们的意见和建议后，很快就豁然开朗。因此，凡事不要闷在心里，独自承担，更不要"借烟酒消愁"。

与此同时，我们还要培养健全的人格，多培养广泛的爱好，遇到困难时，通过正常的途径来疏解情绪，比如运动、唱歌、读书等，既能丰富自己的情操，又能让我们学会用乐观、积极的生活态度迎接挑战、面对人生。

坚决远离毒品，不因好奇而尝试

在河南省信阳市某戒毒内戒毒的女孩小慧，今年刚刚 18 岁。3 年前，小慧开始吸毒，期间虽然几次戒毒，但后来又多次复吸，甚至因为戒毒太痛苦还自杀了两次。

小慧从小跟着爷爷奶奶长大，在记忆中，她很少见到父母的影子。但是，小慧从小就是个乖乖女，学习成绩也很好，可以说在吸毒之前，她没让爷爷奶奶操过什么心。

2017 年圣诞节，小孩跟班里十几个同学到酒吧去玩，庆祝圣诞节。在活动期间，有人拿给他们一点"新鲜玩意"，并称这是"水烟"，让他们尝一尝，还说这是"新潮流"。小慧和几个女生当时不想尝，但看其他在场同学都尝了，自己不尝会显得"不合群"，于是也试了试。

大约两个小时候，小慧和几个尝过的同学开始感觉全身发烫、头皮发麻，十分兴奋。然而等后来她发现这是冰毒后，已经无法自控了，每天不吸一口就痛苦得受不了。

2018 年，小慧辍学，在郑州找到了一份工作，暂时告别了毒品。几个月后回信阳，在毒友的"怂恿"下她又开始复吸。

2019 年 12 月，小慧被家人送入当地的戒毒所，开始在里面戒毒。对于吸毒这件事，小慧万分后悔，不仅给自己的身体带来了极大的伤害，更断送了她所有美好的梦想。

毒品是人类健康与幸福的最大杀手之一，一个人一旦染上毒品，就意味

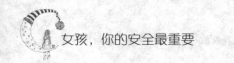

着步入了毁灭，滑向了无底的深渊。可以说，吸食毒品就是通向地狱的绝望之路。

毒品虽然毒害无穷，但却有很多青春期女孩吸毒，而吸毒的原因也是多种多样，既有社会的原因，也有自身的原因。从自身原因来说，往往是因为好奇心作祟，尤其在听说吸毒能让人"其乐无穷""飘飘欲仙"时，更是忍不住想尝试一下。于是，这些青春女孩便抱着一种试一试心理"以身试毒"，没想到被毒魔死死缠住，不能自拔。

对于我们来说，毒品确实是个"新鲜事物"，但新鲜事物也有好坏之分。如果辨不清好坏便轻易尝试，我们可能就会受到"坏"的伤害。因此，对待毒品这种"大坏特坏"的新鲜事物，我们只有一个态度，就是坚决远离、决不尝试，不给毒品任何侵害自己的机会。

说到这里，可能有些女孩会说："我并不知道哪些东西是毒品啊，如果不小心误吸了，那怎么办呢？"

为了避免这种现象发生，我们建议女孩注意下面几个问题：

一、认清毒品，学习禁毒知识

根据《中华人民共和国刑法》第三百五十七条规定，毒品是指鸦片、海洛因、甲基苯丙胺（冰毒）、吗啡、大麻、可卡因以及国家规定管制的其他能够使人形成瘾癖的麻醉药品和精神药品。《麻醉药品及精神药品品种目录》中列明了121种麻醉药品和130种精神药品。简单来说，毒品就是那些能够"使人形成瘾癖的药物"，它与我们生病后所用的药物是完全不同的概念。

因此，如果有人对你说"吸一次不会上瘾"或"这只是一种让人快乐的物品"时，千万不要相信，这一定是要将你拉入吸毒的阵营。一旦尝试，你就会陷入痛苦的深渊，不管意志力多么强大的人，在尝试第一口之后，都会无法自拔。

为了避免沾染毒品，我们还要从更科学的角度去了解毒品、认识毒品，明白毒品真正带给我们的是什么。而许多禁毒影片、禁毒的真实案例、吸食毒品后造成的罪恶等，都是我们需要了解的内容。了解得越多、越全面，我们对毒品认识得越清楚、越客观，也就越能够远离毒品带来的侵害。

二、远离各种不健康的娱乐场所

据一些吸食毒品的人描述，在社会上的很多娱乐场所内部都有固定的吸毒场所，许多人也是因为进入这些娱乐场所后，被熟人引诱或被投毒才染上毒瘾的。除此之外，这些娱乐场所中还可能存在黄、赌等其他不良行为甚至违法活动，一旦深陷其中，可能就会身不由己、抽身不得。

所以，女孩一定要洁身自好，远离各种不健康的娱乐场所，以免像案例中的小慧一样，被居心不良者诱惑，误入"毒"途。如果偶尔进入某些娱乐场所，有人给你推荐一些"新鲜刺激的玩意儿"，一定要坚决拒绝，哪怕撕破脸，也不要冒险尝试。在毒品这件事上，没有任何商量的余地，只有坚决远离，才能确保自己的安全。

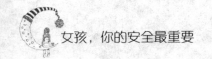

成人娱乐场所并不适合你

2020年9月，广东省乳源县某中学一位高二年级的女孩倩倩，因为跟父母闹矛盾，晚上出门独自一人进了附近的一家酒吧。

倩倩刚坐下不久，就过来两个十八九岁的男孩主动跟她打招呼："小妹妹，来玩呀？"

倩倩没理会他们，但对方显得很热情，不停地逗倩倩笑。倩倩见对方不像坏人，就跟对方聊了起来，把自己的烦恼吐露给他们听。两个男孩耐心地安慰倩倩半天，还说："别难过了，走，下去跟我们玩一会儿，一切烦恼就都烟消云散了！"

于是，倩倩就跟他们下去跳了会儿舞。这时，其中一个男孩递给倩倩一杯饮料，热情地说："看你都出汗了，来，哥哥给你点杯饮料，解解渴。"

一起玩了半天，单纯的倩倩对两个男孩已完全没有了防备之心，接过饮料就喝了下去。结果不一会儿，倩倩就不省人事了……

当晚，两个男孩就把倩倩带到了一家宾馆，实施了性侵。当倩倩醒来后，一切都晚了。

在我们身边，KTV、酒吧、夜总会、俱乐部等形形色色的娱乐场所非常多，我们不能说这些娱乐场所都不好，但那里毕竟是成年人的世界。对于涉世未深的女孩来说，缺乏成年人的阅历，不懂得里面的"游戏规则"，一旦贸然闯入，就可能瞬间被那里的光怪陆离所吞没。恰恰这一时期的女孩又处于具有强烈求知欲的阶段，对各种新鲜的、刺激的、赏心悦目的东西特别感兴趣，也极易受到表面的、形象的、直观的活动方式所影响。一些心怀不轨的成年人就容易利用年轻女孩的单纯，抓住她们的好奇点，引诱她们上当受骗，甚至使她们受到伤害、走上歪路，不信你看：

一些女孩因为经常出入娱乐场所，接触到各种各样的社会人，很容易染上烟瘾酒瘾、说脏话、行为举止不文明等不良嗜好。

娱乐场所各种消费非常高，很多成年人在里面都会因为金钱、欲望而迷失、被骗，何况青春期的女孩子！女孩经常进去消费，不仅会给自己和家庭带来严重的经济负担，养成超前消费、纸醉金迷的坏习惯，还可能在里面被骗钱、骗色，遭受严重的身心伤害。

娱乐场所中包含了三教九流等各类人物，单纯的女孩很容易被一些心术不正的人盯上，比如案例中的倩倩，给自己的身体和心灵造成极大伤害，让你后悔终生。

由此可见，女孩还是要洁身自爱，远离这些灯红酒绿的成人娱乐场所。尤其自己独自一人时，更要退避三舍，绝不靠前！

那么，女孩们怎样才能让自己避开这些成人娱乐场所呢？

一、不在意，不关注

很多女孩子进入各种成人娱乐场所的原因，多数是因为好奇或寻求刺激，但"好奇害死猫"，一旦进去，就可能被坏人盯上，连哄带骗把你带到里面，或引诱你消费，或对你进行一些不轨行为。

要避免这些情况，最简单的方法就是不在意、不关注这些娱乐场所。遇到这些娱乐场所进行的活动等，也不去凑热闹，直接无视，有多远走多远，这样也就不会被里面的诱惑吸引了。

二、尽量谢绝去娱乐场所的邀约

有些女孩说："我并不是自己去呀，是同学朋友邀请我去，不去不合适

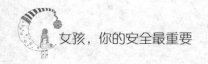

吧？"

同学、朋友相约聚会时，一起娱乐娱乐无可厚非，但如果有人把活动地点定在娱乐场所内，你还是要多留个心眼儿。作为未成年人，远离娱乐场所应该是你的一个原则底线，如果可以拒绝，最好拒绝；如果不得不去，那么一定要记住：不要随便喝里面的酒、饮料等。如果是自带的饮品，打开以后不要让它离开自己的视线；如果中途出去，回来后也不要再喝原来的饮品或吃原来的食物了，以免有人图谋不轨，趁你离开期间在其中下入迷药。

三、对游戏厅要格外当心

也许我们对酒吧、KTV、俱乐部等娱乐场所有一定的警觉性，而游戏厅却很容易让我们放松警惕。实际上，游戏厅内也存在诸多危险因素，比如，一些女孩在进入游戏厅后，接触到很多黄色、暴力的不正当游戏，严重影响我们的认知。有些心怀不轨的异性还可能借着一起玩游戏的借口，要求加女孩的微信、跟女孩要联系方式等，继而对女孩进行诈骗、跟踪等不轨行为，严重影响女孩的正常生活和自身安全。

实际上，现实中有很多积极向上的活动比去娱乐场所更适合我们，比如和朋友一起爬山、徒步、野游、运动等。这些活动不但能让我们的学生生活更加丰富多彩，还能提升我们内在的情操和素质。更重要的是，它要比你去那些灯红酒绿的成人娱乐场所更安全、更具有积极意义。

第6章

网络那端未必是朋友——别在网络骗局中迷失自己

随着互联网的飞速发展，网络在给我们带来越来越多便利的同时，也给我们的学习和生活带来了许多新的问题。比如，越来越多的女孩开始沉迷于虚拟的网络世界，在网上交友、聊天，或进行各种网络直播活动。与此同时，形形色色的网络骗局也陆续出现，给女孩们带来了巨大的烦恼和伤害。面对充满诱惑与刺激的网络，女孩们该如何科学、健康地上网，才能远离各种危险呢？

虚拟的"爱情"要不得

　　2020 年 3 月，山东省济南某高校大三女生小白，通过网络认识了山东省临沂的一个年轻的男子。对方说话幽默，对小白嘘寒问暖，让独自在异乡读书的小白倍感温暖。

　　经过一段时间的热聊后，小白和对方互相发了生活照。小白发现，对方英俊帅气，颇有气质，不禁对对方又增加了几份好感。很快，两人就在网上确立了情侣关系，并相约五一假期时见面。

　　然而，接下来发生的事情却让小白悔不当初。

　　有一天，小白在跟"男友"聊天时，"男友"突然让小白发几张裸照给自己看。小白一开始是拒绝的，但架不住"男友"的甜言蜜语、软磨硬泡，脑袋一热，就给"男友"发了一张上半身裸露的照片。

　　接下来，事情开始朝着小白无法控制的方向发展了。第二天，"男友"给小白打电话开口"借钱"，小白很意外，但还是以自己上学没有经济来源为由委婉拒绝了。之后，对方又多次向小白借钱，小白都拒绝了。万万没想到，对方竟然直接跟小白说，如果再不借钱给他，他就将小白的裸照发到她的校园网上。

　　害怕名声受损的小白，无奈只好通过微信、支付宝等多次给对方转钱，前后共转了一万余元。小白原本还指望对方能够良心发现，把钱还给自己，没想到多次催问后，对方根本无心还钱。

　　不想继续被敲诈的小白，在再三思量后，决定报警。民警通过小白提供的信息，很快就将犯罪嫌疑人林某抓获了。

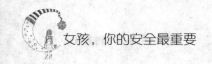

青春时期的女孩，对爱情都充满了期待和渴望，而网络的发达和普及，以及网络的虚幻，让很多女孩逐渐放下了戒备心理，觉得彼此不见面，只要通过网络交谈，就能放心地敞开心扉。殊不知，正是这种想法的存在，使许多年轻的女孩深陷网恋而无法自拔。

但是，虚拟的"爱情"毕竟是不真实的，你可以通过视频看到对方的外貌，却无法通过现实了解对方的人品。很多骗子正是抓住网络的虚拟性，通过各种甜言蜜语和不需要付出实际行动的"关心呵护"，俘获女孩纯真的芳心。青春女孩又没有太强的判断能力，但却有着对情感的渴求，所以网络那端的花言巧语、嘘寒问暖，很容易就让女孩们陷入一种深情的错觉中。

当对方发现女孩已经开始依赖自己、离不开自己时，真面目就逐渐暴露出来了，于是开始提出各种过分的要求，如借钱、约会等。女孩一旦控制不住自己的冲动，就可能被骗钱、骗色，甚至被骗去生命。我们经常会看到这样的新闻：某花季少女因陷入网恋，去见曾经"海誓山盟"的网友，不想却被"男友"杀害，使生命过早地凋谢……

这样的新闻总让人感到万分惋惜，但又觉得很可悲。现实生活中的两个人相恋，都有可能出现理不清的矛盾和无法很好处理的问题，何况是隔着屏幕的网恋呢！所以，这种虚拟的"爱情"是要不得的，它不仅占用了你大量的时间和精力，最关键的是，你所"恋"的人可能正心怀不轨地对你打着各种坏主意。

因此，女孩还是要尽量认识到网恋的坏处，避免陷入网恋，可以试着从下面几个方面去做：

一、了解网络的利与弊

网络并不是洪水猛兽，女孩在学习和生活中遇到一些问题时，完全可以借助网络来寻求帮助。因此，我们没必要完全与网络脱节，将其视为洪水猛兽。

但是，网络也有它不好的一面，对女孩的成长极为有害。比如，网络上充斥着大量的垃圾信息，在网络上可能会遇到骗子，还要许多网络游戏可能会让我们上瘾，浪费我们大量的时间、金钱和精力……

所以，青春女孩一定要提高自己对网络的自控力，不依赖网络，不在虚拟的网络上与不真实的人陷入网恋，纠缠不清，同时远离各种垃圾信息和不健康的游戏等。这才是利用网络好的一面，同时抵御网络毒害的最好方法。

二、在现实中寻找情感寄托

在现实生活中，很多人都可以成为女孩们情感的依赖对象，比如父母、老师、好友、同学等。如果你在成长中遇到一些自己无法处理的问题，倍感烦恼之时，就可以适当向他们倾诉，或者向他们寻求帮助，而不是自己闷在心里，或到网络上去寻找寄托。

另外，我们也可以在假期到外面走一走。俗话说，"读万卷书，行万里路"，其实两者同样重要。经常出去走走，看看远方的美景，欣赏一下美丽的大自然，了解各地的风土人情，认识另一个环境中的人与事，都能让我们的视野和心胸变得开阔，让我们的心情更愉悦、更轻松。有了这样良好的心态，谁还会去虚幻的网络世界寻找寄托呢？

三、丰富自己的业余生活

日常生活单调，缺乏追求且没有情感寄托的女孩，最容易陷入网恋之中。所以，青春期的女孩要努力丰富自己的业余生活，让自己的生活变得多姿多彩起来。当现实生活中有很多有趣的事情吸引你时，你就不会把自己多余的精力投注于虚拟的网络之上，与网络上的人陷入网恋了。

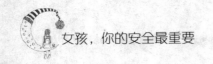

网上的"成熟大叔"也许并不友善

2015年，河北省保定市一位年近40岁的中年男子田某，通过QQ交友聊天，先后与15名20岁左右的女大学生见面并确立恋爱关系。不仅如此，田某还骗取其中8名女大学生35万余元。因为涉嫌诈骗罪，田某被判处有期徒刑8年。

据田某交代，他在跟这些女大学生交往时，谎称自己是清华及北大的双硕士、公司CEO，主要经营红木等奢侈品。实际上，他就是一名无业人员。

田某的骗术并不高明，他只是将自己包装成为一名"成熟大叔"，并且是一位有知识、有财富的"大叔"。从2011年起，田某便通过各种社交软件与女大学生相识，在这些女大学生中，除了有北京名牌大学的学生，还有来自河北、山东等地的大学生，其中不乏研究生。这些女孩被田某的"最爱是你""和你结婚""给你幸福"之类的甜言蜜语所攻陷，不仅为他提供钱财挥霍，甚至还与他见面发生关系。

在你看来，这位"成熟大叔"的骗术很高吗？为什么会有那么多有学历、有知识的女孩被他欺骗呢？

近些年来，关于女孩被骗财、骗色甚至丢掉性命的新闻经常出现，除了因为这些被害的女孩比较单纯、缺乏社会阅历之外，究其根本的原因，主要还在于这些女孩过于爱慕虚荣，总是幻想着从天上能掉下来馅饼，让自己遇到一个"大款""高富帅"，不用奋斗就可以轻易改变命运。

再者，女孩在进入青春期后，自我意识不断增强，于是也会不断审视自我：
"我漂亮吗？""我可爱吗？""有人喜欢我吗？"……经过一再比较后，
这些女孩就会产生一种"理想我"与"现实我"的差距。如果差距较大，她
们就会产生不自信的心理。而网络上的"成熟大叔"因为社会经验老练，完
全清楚这些涉世未深的小女孩们喜欢什么，于是在聊天时也会有意无意地夸
这些女孩"漂亮""聪慧""与众不同"……这就会使女孩们产生了一种自信，
继而对"大叔"越来越依赖。再加上年龄差的存在，"大叔"对女孩倍加包
容，将女孩的任性说成"可爱"。试想一下，这样有魅力又成熟的"大叔"，
几个年轻女孩能不喜欢呢？

然而，这些网络上的"成熟大叔"并非全都是友善的。运气好的话，也许"大
叔"能够善待你；运气差的，就可能像案例中那些被骗的女孩一样，不仅被
人骗了色，还成了对方免费的"提款机"，这是多悲哀的事情呀！

当然，在现在这个网络普及的时代，我们也不能因噎废食，只要自己保
持理性的上网态度，不随便结交网友，不轻信网上各种"大叔"的甜言蜜语，
那么你就能避免被网上的那些居心不良的人所欺骗。

一、上网交友时刻保持警惕心

在与对方聊天时，不要轻易告知对方自己的真实姓名、地址、电话等。
除非你与对方交往时间很长，确定彼此可以信任时，才逐渐告知。

同时，女孩尽量不与已婚异性交往，以免对方有不良心思。至于对方说
的"我跟我老婆早就没感情了""我现在喜欢的是你""我会为你离婚的"
等话语，不要相信，也不要理会，切记不要介入对方的婚姻之中，以免给自
己带来无尽的麻烦。至于对方是否已婚，一般从他的谈吐中就能判断出来，
女孩对此要多加留心。

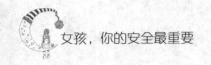

二、遇到对方借钱一定要警惕

对于女孩来说，遇到的骗子不是骗钱就是骗色，所以，不管对方是什么身份，是"大叔"也好，是多金的"高富帅"也罢，只要向你借钱，不论对方给出什么样的理由，都要提高警惕，不要听到对方几句甜言蜜语就把自己的全部家当统统奉献出去。如果对方真的"多金"、有钱，不会轻易向一个没什么固定经济来源的青春女孩借钱。

三、与对方见面，一定要让父母知道

如果在机缘巧合之下，你要与"成熟大叔"见面，这时一定要让父母知道。因为你与对方一直都是"网友"，对方的真实情况也许与他告知你的有很大不同，这样的见面很可能会给你带来危险。所以，你要向父母告知对方的姓名、你们见面的地点、大约需要多长时间等等。

当然，父母也可能会阻止你，对此你要有心理准备。毕竟与一个陌生的异性见面是带有很大风险的，父母不同意你去冒险也情有可原。如果你觉得与对方见面很有意义，也可以耐心地与父母沟通；如果父母愿意陪你一起去，那简直再好不过。

但是，如果父母坚决不同意，你也不要责怪父母不通情理，毕竟父母的社会阅历比你丰富，父母也是完全出于对你的安全考虑才会这样做。那么，你可以与网友解释清楚，如果对方真的是个通情达理的好人，也会理解你和父母的做法与决定。

网络"黄毒"，害人至深

一位青少年心理学家讲了这样一件事：

在哈尔滨市某中学,14 岁的女孩佳佳成长在一个单亲家庭中，父母早年离异，佳佳跟随父亲生活。父亲忙于生计，平时无暇照顾佳佳，因此从 12 岁起，佳佳就开始厌学，整天泡在网吧里。在网吧，佳佳认识了几个年龄相仿的男孩，他们学习成绩都普遍较差，有的干脆已经辍学。这几个孩子整天凑在一起打游戏，想着怎么吃喝玩乐。

网络上有很多黄色网页，青春期的孩子对这些内容又充满好奇，所以佳佳和这些男孩每天都浏览黄色网页、视频等。有一次，几个孩子一起出去喝酒，在稀里糊涂中，佳佳跟其中的一个男孩发生了性关系。

后来，几个男孩又怂恿佳佳拉两个女孩一起玩玩。在佳佳的蛊惑拉拢下，佳佳班里的两个女孩又加入他们的"阵营"，成了其中两个男孩的"女朋友"。

从那后，几个未成年的孩子就经常在网吧鬼混，然后到宾馆里一起喝酒、跳舞，甚至一起看黄色录像。按捺不住内心的躁动，甚至几对"情侣"三三两两地组合进行模仿。

直到被宾馆老板举报，几个孩子的荒唐行为才被发现，而他们也为自己年少轻狂所犯下的错误付出了沉重的代价。

网络"黄毒"的蔓延，家庭防范教育的相对薄弱，是导致青少年性犯罪

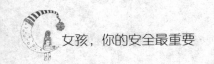

的主要原因之一。据有关部门调查统计，现在中学生犯罪中的60%都与"黄毒"有关，或者因"黄毒"而起。在校的青少年中，也有22%曾浏览过黄色网站，10%的高中生认为一见钟情就可以发生性行为。这是个多么惊人的数据啊！更关键的是，在这些性犯罪行为中，女孩所受到的伤害要远比男孩更严重。

首先，对于女孩来说，网上"黄毒"虽然不会像对男孩那样，具有极强的"性刺激"，但处于身体发育时期的女孩也会因为好奇而想去了解。在不能通过科学的渠道获取相应知识的前提下，这些"黄毒"就可能成为她们模仿的主要对象。

其次，网上的一些爱情小说中有大量的两性内容描写，而对爱情充满向往和美好憧憬的女孩很容易被这样的内容吸引，甚至深陷其中，无法自拔。一旦有男孩向她表白，并向她提出发生性关系时，女孩可能就会受小说中两性内容的描写而不由自主地想要体会。

另外，还有一些像案例中佳佳一样的女孩，因为成绩差，经常逃课泡网吧，在网上浏览黄色网页、视频等。这时，一旦有异性对其进行引诱，女孩就可能难以自持，与对方发生关系。

所以说，网络"黄毒"真的害人不浅，我们一定要对这些"毒品"提高警惕，平时上网时主动屏蔽这些内容，以免沉溺其中。

一、通过正规渠道了解生理知识

我们一直强调，女孩要通过科学、正规的渠道去了解自己进入青春期后的身心变化，如果有不了解的地方，可以与父母沟通，解开自己内心的困惑。千万不要到网上去随便搜索，因为很多网站中都隐藏有黄色网页。在上网时，如果你不小心误点了这类网页，直接关掉即可。

当然，比较有效的预防方法是在家里的电脑上安装良好的防护软件，这些软件可以很好地过滤掉色情、暴力等不良性质的网站，给我们一个干净的上网环境。

二、多上一些启发性强的知识性网站

青春期女孩自制力有限，面对网络上的一些黄色诱惑，可能难以抵制。对此，你可以请求爸爸妈妈监督和引导你，帮助你上一些启发性强的网站，比如有关自然科学、文化知识、英语学习等网站，并学会查找一些有趣的信息，让网络成为你获取知识和信息的有用工具，又不会被上面的黄色、淫秽信息所干扰和影响。

三、尽量不去网吧上网

一般来说，去网吧上网的男性比较多，而且大部分都是去打游戏的。但是，也会有一部分男性会在网吧浏览一些不太健康的网页、视频等。在这种环境下，女孩去网吧上网就会有很大的危险性。曾经就有这样一则新闻，一个男孩因在网吧浏览了淫秽色情信息，一时难耐，便强奸了旁边的一名正在上网的少女。

虽然现在网吧已经逐渐规范，对于各种淫秽信息也有所拦截，但你很难保证里面上网的每个人都遵守不能浏览黄色网站的规范，一旦运气不好，就可能给自己带来人身安危。

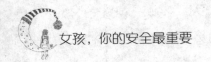

识别各种各样的网络骗局

2020 年 4 月，广州的一位女大学生常某在网上花 200 元购买了一款护肤用品。两天后，常某接到一个电话，对方自称是网购平台的客服，说常某购买的护肤用品有质量问题，平台决定给她赔偿。随后，这位客服将常某购买的商品信息报了出来，常某便不再怀疑了。

不一会儿，对方又打来电话，告诉常某款已经退了，但因为操作失误，多转了 19800 元。常某一看手机，账户上果然多出来19800 元。随后，客服请求常某把这笔钱退还。

常某也不想占平台的便宜，就将这 19800 元转到了对方指定的账户内。不久，常某的手机就收到了一条短信，结果一看傻眼了。短信显示，常某在一个网贷平台办理了 2 万元的贷款业务。常某这才恍然大悟，原来刚才账户多出来的 19800 元根本不是对方操作失误，而是以她本人的身份从网贷平台借来的。

原来，骗子从常某购物的平台获取了她的个人信息，再结合常某提供的手机验证码，以常某的身份从某平台借出了 19800 元。而常某看到自己账户多了这么多钱，就真以为对方转错了，把钱还给对方也就"顺理成章"了。

不管是网络上发来的信息，还是陌生人打给我们的电话，都一定要带着几分警惕去看、去听。尤其是这种一开始似乎让你占了便宜的内容，更要慎之又慎地对待。现在，网络已经成了各种诈骗分子施展骗术的主要平台，如果不加防范，一不小心，就可能像常某一样，落入骗子的陷阱，让自己莫名其妙地背上了外债。

所以，我们一定要擦亮双眼，识别网络上各种各样的骗局。自己既不要轻信网络上各种陌生人的承诺，也不要随便点击网络上的一些链接等，不给骗子任何施展骗术的机会。

为了让更多的女孩不再受网络上这类诈骗信息的蒙骗，我们整理了几类比较容易出现的骗局，女孩们一定要加以防范。

一、快递费到付

这类骗局套路大多是骗子通过网购途径，以"抽奖"为诱饵，谎称网购者抽到了"万元大奖"或"高档礼品"，但需要你自己负担快递费。

然而当你满怀欣喜地等待"大奖""礼品"到来时，却发现收到的包裹里装的只是一些粗制滥造的伪劣品。但是，你在接收前却需要给对方支付高额的快递费用。很显然，这就是被骗了。

要避免这种情况发生，一旦有电话或信息联系我们，称我们"中大奖"了，要给我们寄送奖品，并要求我们自付运费，你一概不要理会。骗子不能从你这里得到好处，自然也就放弃了。

二、虚假购物网站

网上购物已经成为现在很多人生活的常态，一些女孩也喜欢在网购购物，但网购有时也会被犯罪分子钻漏洞。比如，他们会做一些虚假的购物网址、付款网站等，当你点入消费时，就可能落入他们的陷阱之中。

2019 年，湖北省十堰市某大学的一名女生，在一家网站上看到了 3000元出售万元高品质相机的信息，并且还写着加 1000 元可赠送苹果手机一部。对方还留下了自己的微信，女孩加了对方微信，对方表示女孩把钱款转给自己后，马上就可以发货。女孩毫不犹豫地给对方转了 4000 元，没想到很快

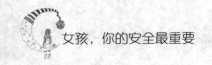

就被对方拉黑了，女孩这才意识到自己被骗了。

所以，在网购时，我们一定要到正规的购物网站购买需要的物品，并且认真看清楚上面的每一项要求，以免被骗子利用。

三、网络传销

网络传销与现实中的传销一样，目的都是为了快速扩大传销队伍。而且，网络传销一般都有自己的网站，通过不断加人、拉人的方式，进行网络诈骗活动。

2020年3月，某传销网站与一个网络科技公司合作，委托该公司协助开办微信公众号，在公众号内部推行"线上商城"系统，并在"线上商城"中设立会员制，普通微信用于缴纳189元即可成为普通会员，享受每日以固定单价18元选购一款商品的权益。此外，还分别设有1980元、9800元、39800元等不同数额的会费。截至被查获时，该商城已发展了858位会员，非法获利近百万元。

因此，当我们发现网络上一些打着"推荐会员""远程教育""培训个人创业"等旗号的网站时，一定要提高警惕，不但自己不要随便加入，也不要随便拉自己的同学、朋友加入，以免上当受骗。

慎重添加陌生的 QQ、微信等

2017 年 8 月，某中学 14 岁的女孩莉莉，通过 QQ 认识了河南省商丘的男子王某。几番交流后，莉莉就在王某的温柔攻势下沦陷了，两人很快便以"老婆""老公"互称了。2 个月后，王某特意乘坐火车来到莉莉的所在地，与莉莉见面。

两个人见面后，不仅没有像很多网友那样，出现"见面死"的情形，王某反而对莉莉更加关怀备至，还邀请她到商丘玩。因为正值暑假，莉莉爽快地答应了。

当莉莉被王某带到商丘后，王某就将人生地不熟的莉莉带到了火车站附近的一个小旅馆内，强行与其发生了性关系。然而事后，莉莉不但没有报警，反而还跟着王某一起去了他的家里。

当莉莉的家人得知她被骗到商丘后，急忙联系王某，表示王某如果把莉莉送回来，他们便不再追究，否则就会报警。王某思索再三后，还是把莉莉送了回去。结果刚到莉莉所在城市的火车站，就被警察带走了。

对于现在人来说，QQ、微信等已经成为非常常见的社交方式，许多女孩也会通过这些社交工具与网友交流沟通。即使彼此不见面，仅凭网络聊天，很多人也能够建立起庞大的虚拟社交网络。但是，也正因为互相不见面，我们才无法知晓网络那一端的到底是个什么样的人。于是，很多女孩便遭遇到了像莉莉一样的经历，对身心造成严重伤害。

因此，作为分辨能力尚不成熟的青春期女孩来说，一定要慎重添加陌生

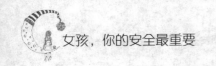

人的 QQ、微信等。在参加一些网络活动时，也要注意自我保护，避免成为网上一些心怀不轨的人诈骗的对象。

具体来说，我们应该从下面几个方面注意：

一、不要轻易相信"缘分"

很多女孩在加了陌生的网友后，往往觉得这是一种"缘分"，并且对这种"缘分"深信不疑。殊不知，这可能是对方精心设置的圈套，正等着女孩们主动进入呢！

因此，女孩一定要注意，QQ、微信等社交软件虽然使用方便，能够交到天南海北世界各地的网友，但网络毕竟与现实有差别，还是不要过分沉迷。

与此同时，在与对方交流过程中，不管对方说什么，都不要轻易与对方见面，或者应对方邀请参加任何联谊活动，以免被一些不法分子有机可乘，进而危及我们的自身安全。

2019 年 6 月，18 岁的女孩媛媛收到一个微信申请。媛媛点开一看，头像上是个帅气的飞行员，媛媛很好奇，于是通过了对方的申请。

通过聊天，对方告诉媛媛，自己是杭州某航空公司的飞行机长，通过随机输入电话号码的方式搜索到了媛媛，这简直就是"缘分"。禁不住对方的甜言蜜语，媛媛很快便陷入与对方的"爱情"之中。

当媛媛彻底沦陷后，这个飞行"男友"便开始以各种借口朝媛媛借钱。后来，媛媛的父亲出了车祸，媛媛想让对方还一部分钱，对方却突然将自己拉黑了。媛媛这才意识到自己被骗了，于是报警。警方经过调查，发现所谓的"飞行机长"原来是个无业游民，而微信头像上的人也根本不是他，他的飞行证、发给媛媛的飞行图片等，全都是他为了骗取女孩的关注从网上下载的。

可见，网络上没有那么多所谓的"缘分"和"白马王子"，刻意设置的骗局和欺诈倒是很多，女孩们还是应引以为戒！

二、社交软件也会泄露你的隐私

在这个无限宣扬自我的时代，很多女孩都喜欢在 QQ、微信、微博等上面填写各种个人资料，或者在朋友圈中发各种各样的图片，如跟家人、朋友聚会的照片，外出旅游的照片，等等；有时遇到烦心事，也会在朋友圈中"吐个槽"。

实际上，这些信息都很容易被一些别有用心的人看到。通过这些内容，他们也会了解到一些女孩的个人情况，继而找到女孩，故意与女孩谈一些感兴趣的事，如旅游、音乐、美食等，使女孩觉得彼此"很投缘"，逐渐落入对方设计的圈套之中。

所以，在宣扬自我、享受网络便利的同时，女孩还一定要注意加强个人保护意识，不轻易在一些社交软件上暴露自己太多的隐私信息，以免被不良分子盯上。

三、尽量拒绝见面的邀请

有些女孩在跟网友聊了很长时间以后，可能就会被对方邀请见面，这时，你是选择见面还是拒绝呢？

相信很多女孩都觉得：我们都聊这么久，彼此这么熟了，见个面也是应该的。但是，你真的跟对方很熟吗？只是因为隔着屏幕聊过很多次，就能够认定为熟人吗？

并不见得。所谓熟人，是你不但知道他姓甚名谁，还要对对方的职业、个性、人品等有较深的了解。网络上的彼此交流，你对对方的了解仅限于他自己所说，而不是你亲眼所见，所以还可能有很多不真实，甚至对方故意隐瞒的地方。

在这种情况下，你贸然与对方见面就是一种很危险的行为，毕竟"知人知面不知心"的事情实在太多。面对网络世界的纷繁复杂，我们多留心一些，才能真正做好预防，避免悲剧的发生。

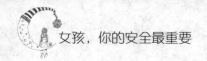

正确认识"网红"的价值

　　2016 年，一个姓杨的"网红"在网上晒出了自己怀孕的检查报告，而这一年她仅仅 17 岁，尚未成年。未成年怀孕原本是一桩丑闻，但她却毫不避讳地把这个消息发布到网上。这件事造成的最大影响，就是很多尚未成年的"网红"觉得"早孕"能够给自己带来流量，因而纷纷效仿。

　　在杨某最红的时候，她在网络上有近 4000 万的"粉丝"。在这些"粉丝"当中，自然有许多未成年人。当这些未成年人看到杨某的行为后，因为价值观、世界观等尚未完全建立，缺乏分辨是非的能力，所以很多人都对她很崇拜，甚至模仿她的行为，试图通过类似的方式来吸引人们的眼球。

　　除了未成年怀孕外，杨某还经常烟不离手。从她在网络上发布的照片看，即使在公共场所，她的手里也夹着烟。后来有人还扒出她的很多"黑历史"，比如私生活混乱、有过多任男友、经常打架等的。

　　很显然，杨某的行为给网络中的未成年人带来了许多负能量。2018 年，杨某被网络封杀。

　　"网红"是近几年出现的一个新鲜词，它指的是现实或网络生活中因为某个事件或某个行为被网民普遍关注，从而在网络上走红的人，也称"网络红人"。

　　"网红"的产生一般与网民的审美、娱乐、偷窥、品味、刺激感等有关，但"网红"并非都是有争议、以出格行为博眼球的人，也代表了一定的担当和责任。只是我国网络直播行业违规成本较低，监管成本过高，因而才让一些"漏网之鱼"存在，并对青少年造成了极其不良的影响。

就拿案例中的杨某来说，很显然，她的所作所为肯定会在不知不觉中影响了一大批未成年人，尤其是年轻的女孩，让这些女孩觉得：只要我特立独行，适当做一点出格的事，不用付出什么努力，就能成为"网红"，就能挣大钱。显然，这样的价值观是非常错误的。

但是，也不是所有的"网红"都像杨某一样，比如很多女孩都熟悉的PAPI 酱。在女性"网红"中，PAPI 酱的颜值不算出众，但她却凭借自己的才华收获了众多的"粉丝"。在红了之后，她也没有用各种博眼球的方式拼命炒作自己，而是在 2017 年与合伙人将自己的第一笔商业收入变现为 2200万元，捐给了自己的母校。2018 年，她还正式担任了百度 APP 的首席内容官。

由此可见，与那些给社会带来负面影响的"网红"相比，PAPI 酱这样的"网红"无疑是网红界的一股清流了。从中我们也可以看出，"网红"并不完全是负能量的代名词，"网红"的价值也不仅仅是为了博眼球、博关注，它完全可以通过自己的正能量行为来正向引导"粉丝"。

但是，现在很多年轻的女孩之所以想当"网红"，大多数是因为她们觉得当"网红"很简单，又能来钱快。每天只需要拍几个段子，跟"粉丝"互动一下，就能收获大量的人气和金钱。这样的"网红"的确存在，但绝对不会长久。如果想在"网红"这条路上一直走下去，就必须具备一定的专业知识和吃苦耐劳的精神。更重要的是，一定要具备正确的"三观"，并且牢记：鲜花和掌声从来都是因努力而来。

所以，青春期女孩如果想在未来成为一名优秀的"网红"，就需要从下面几个方面努力：

一、积累专业知识，踏实地走好每一步

2018 年，《中国青年报》上有一份关于"高中生的理想"的问卷引起了

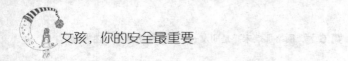

人们的广泛关注。在被采访的众多学生当中，有三成多的学生表示自己将来想当一名"网红"。也就是说，这些即将成年的孩子，有三成多将"网红"当成了自己未来的职业预期。

但是，"网红"要想"长红"，光靠哗众取宠博眼球是不行的，必须具备丰富的知识储备和敏锐的洞察能力。所以，对于青春期女孩来说，如果你也有想成为"网红"的想法，那么现在就要把主要精力放在学习上，努力学习文化知识和专业知识，踏踏实实地走好人生的每一步，未来才有可能凭借自己所具备的能力和不懈的努力，成为一名真正有实力的"网红"。

二、做一个具有正能量的女孩

"网红"的言行举止与道德观念，会直接影响着追随她的"粉丝"的价值观。一个三观正、有担当的正能量的"网红"，也可以很好地引导"粉丝"做正确的事、走正确的路，给社会带来积极、正向的价值。

而且，具有正能量的"网红"才能为"粉丝"输出更有价值的东西，从而引导"粉丝"建立正确的世界观、价值观和人生观。

总而言之，做"网红"并不是一件丢人的事，有梦想、有才华、有想法，渴望在互联网大浪中淘沙的"预备网红"们也值得社会的尊重。顺应时代潮流，将才华变现或变成流量，也是互联网经济时代的必然。要实现这个目标，就要求我们首先做一个正能量的女孩，这样才能在未来的职业道路上走得更久、更远。

第 7 章

渴望成长，也要遵守规则——不将自己置于危险禁区

随着年龄的增长，女孩的心思也逐渐变得活络起来，哪怕自己尚未成年，也急于想要证明自己已经长大，迫切地想要去尝试各种各样新鲜的事物，甚至开始漠视各种规则和约束。但是，成长并不代表叛逆，成长可以有突破、有进取，但还是要注意身边的各种危险禁区与隐患，不能放任自我。只有学会遵守规则，远离危险禁区，才是成长最好的样子。

控制自己，驾驭不良情绪

　　2017 年 2 月，江苏省淮安市清江浦公安分局清安派出所接到了一个报警电话。电话是一位男士打来的，这名男士称自己的妹妹因为与男友吵架，在某小区的家中吞食了大量的安眠药，现在很危险。随后，民警及时出警，赶赴现场进行处理。

　　然而，当民警和 120 救护人员一同赶赴现场，多次敲门后，里面竟然没人响应。因为考虑到室内人员可能有危险，民警只好破门进入。

　　进入房间后，民警发现一个 20 多岁的女孩正躺在地上，已经人事不省，周围散落着多粒疑似精神类的药物。于是，民警忙协助救护人员将女孩抬上救护车，快速送往医院救治。在经过洗胃和各种促醒药物治疗后，女孩才醒过来。

　　事后民警了解到，女孩前一天因为跟朋友一起出去玩回家晚了，男朋友说了她几句，两个人就吵了起来。男朋友一生气走了，女孩气不过，就服了安眠药，想用这种方式吓唬吓唬男友。幸好在清醒时给自己老家的哥哥打了个电话，哥哥帮她报了警，才捡回来一条命。

　　这起事件的起因，是女孩与男朋友吵架后，未能很好地控制自己的情绪所引发。如果她控制自己的情绪，与男友耐心沟通，那么也就不会出现服药自杀的事件了。从这件事我们也可以得出一个结论：控制好自己的情绪，不被情绪所左右，也是对自己的一种保护。

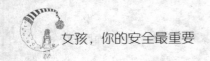

从进入青春期开始，女孩的内心就会出现一些躁动、焦虑等情绪，自我意识增强，对各种事情也有了自己的想法和看法，并且会固执地认为只有自己的理解才是对的。在这种情绪下，女孩就容易陷入一种矛盾的状态之中，既想证明自己是对的，又经常对自己的判断充满怀疑；既想表示自己的成熟大度，又会因为一些小事斤斤计较、一点就炸……正因为处于这种矛盾之中，才使青春期女孩很容易与他人发生冲突，并且经常出现情绪失控行为。

实际上，女孩的这种情绪变化大多源于青春期的身心变化。所以，要想更好地控制自己，驾驭情绪，我们就要弄清自己为什么会出现坏情绪。

在进入青春期后，女孩的身体首先会发现一系列变化，比如身体外表的发育变化、月经的到来等。尤其是在月经到来之前的几天，女孩体内雌性激素变化较大，这种刺激就会导致女孩的情绪出现波动，甚至让女孩的情绪达到最低潮，因而也极易被愤怒、暴躁、紧张等情绪所左右。

了解了这一点，女孩们就要注意在月经到来前的几天好好休息，不要劳累，同时尽量避免与别人发生冲突，以便自己可以安然地度过生理期。

当然，如果不是因为生理期到来而闹情绪，那么女孩就要找到更加合适的方式来调节自己的情绪。

具体来说，你可以试试下面的方法：

一、学会向家人或朋友倾诉

女孩出现坏情绪不可怕，可怕的是不知道如何去调节和释放坏情绪。有的女孩一出现情绪就大喊大叫，看什么都不顺眼，这就是不能很好地释放自己的情绪，这种女孩也很容易因为闹情绪而做出一些极端的行为来，就像案例中服药自杀的女孩一样。

其实，每个人都会有情绪不佳的时候，每当这时，我们可以找家人、朋友倾诉一番，让自己的情绪有个合理的宣泄渠道。

当然，最好的情绪宣泄对象就是我们的爸爸妈妈了。把你内心的想法和感受说给他们听，让他们开解你一下，你可能会发现让自己闹情绪的事并不是什么大事。

跟朋友倾诉也是个不错的选择，但要注意，你一定要向积极、乐观的朋友倾诉，而不是比你更悲观、更消极的朋友。否则，你的坏情绪不但不能得到宣泄，还可能会被对方的消极情绪影响，导致情绪更加糟糕。

二、使用建设性的内心对话

赫尔明曾经指出："许多怒火中烧的人不分青红皂白地责备任何人和事：什么车子发动不了啦，孩子还嘴啦，别的司机抢道啦之类的。使怒气徘徊不去的，是你的消极思维方式。"

既然各种想法是导致女孩出现坏情绪的主要原因，那么，假如你是个容易愤怒的女孩，就应该多为自己准备一些建设性的想法，以备不时之需。比如：

◎ "我在面对批评时，不会轻易地受伤。"

◎ "不管怎样，我都能平静地说话，耐心地解决问题。"

◎ "无论对谁发火，都会伤人伤己，我要控制好自己的情绪。"

◎ "我不是个小气的人，这点小事儿不值得我生气。"

……

当熟悉了这一套"灭火"步骤之后，你就会发现，自己生气、发火、闹情绪的时间越来越少，而花在学习、娱乐、培养兴趣方面的时间相对也会增多。

只有掌握以上几点驾驭情绪的方法，我们才能浇灭愤怒的火焰，成为一个宽容、大气的女孩。

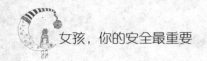

"年少无知" 不是藐视规则的借口

一天，一家饭店里进来两个十三四岁的女孩，老板忙招呼两个女孩落座，并热心地询问她们想吃点什么。两个女孩点了几个菜，吃得挺开心。

吃完后，两个女孩站起来就准备往外走，老板赶紧过来，笑着说："两位小妹妹，你们的饭钱还没结吧？一共68元。"

没想到两个女孩惊讶地瞪着老板说："结什么饭钱？"

老板一下蒙了，难道两个女孩不知道在饭店吃饭要给钱的吗？

于是，老板耐心地解释说："你们两个人在我们这里点菜吃饭，一共消费了68元，需要把饭钱结一下。"

哪知两个女孩大声说道："这不是饭店吗？饭店不就是吃饭的地方吗？要给什么钱？"

老板叹了口气，但还是和蔼地说："妹妹，在饭店吃饭当然要给钱呀！我不可能让你们免费吃，对吧？"

两个女孩竟然说："我们不知道啊，你是不是看我们年纪小，就欺负我们、骗我们？"

两个女孩的声音引得周围人纷纷抬头向这边观看，当大家了解情况后，都纷纷指责两个女孩："这么大的孩子，怎么不知道在外面吃饭要给钱？装的吧！"

可两个女孩毫不示弱，大声嚷嚷老板是大人欺负小孩，最后干脆趁老板一不留神，跑出门溜掉了。

什么是"年少无知"？就是年少、不懂事。但是，两个十三四岁的女孩，真的不知道在饭店吃饭要给钱的吗？显然不是。那么，这就不是年少无知，而是故意犯错。

很多女孩在做错事后，都习惯用"我还小""我不懂""我只是觉得好玩""我又不是故意的"……来为自己开脱、找借口，自认为年纪小，做错事就必须被原谅。就像案例中的两个女孩，只因为自己未成年，是"小孩"，就觉得自己做错的事情不算什么。

这种想法既错误又荒唐，不管在任何时候，不知者确实可以不责怪，但这个"无知"并不是任意违反规则，更不是违法犯罪的借口。而且正因为我们年少，才更应该意识到，很多事情在年少时就不可以做，很多规则在年少时就要遵守；同时也因为无知，我们才要更多地学习，让自己变得"有知"。这不仅是原则问题，更是个人道德问题。不懂得规范自己的行为，长大后就可能做出更加错误、更加严重的事情。

所以，青春期女孩在面对社会上的各种规则时，一定要严格遵守。从某种意义上来说，这也是在保护我们自己的安危。试想一下，如果每个人都不遵守规则，为所欲为，那么我们的安全又怎么能得到保障呢？

要想成为一名优秀的青春女孩，我们就要从以下几个方面约束自己：

一、学会按规矩行事，培养自己的规则意识

莱蒙特说："世界上的一切都必须按照一定的规矩秩序各就各位。"我们中国也有一句俗话，叫做"无规矩，不成方圆"。这两句话都很好地诠释了秩序和规则的重要性。

在女孩成长过程中，既需要一片自由的天空，也需要规矩和原则的约束。如果你经常不按规矩行事，很容易给自己带来危险。就拿案例中两个女孩的行为来说，如果老板继续追究，可能就会与两个女孩发生更严重的冲突；如果报警，两个女孩还可能承担更大的责任。

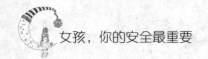

规则和秩序是社会公共生活的基本准则，离开了它，任何社会活动都无法顺利展开，所以，社会中的每个人都应该按照规则办事，而不能因为自己年幼、年少就可以为所欲为，视规则、秩序为儿戏。对于女孩来说，学会按规矩办事，培养自己的规则意识更是非常必要的，这不仅能保证我们自身的安全，也是我们走上社会后，获得他人尊重的重要前题。

二、别把法律意义上的"不负法律责任"当成脱罪理由

关于"年少无知"，很多女孩还有另一种看法，就是觉得自己虽然犯了错，甚至触犯了法律，但因为《中华人民共和国未成年人保护法》中提到，"对违法犯罪的未成年人，应当依法从轻、减轻或者免除处罚"。于是，这些女孩就觉得自己是未成年人，即便触犯了法律，也不会受到处罚。

实际上，这种想法是非常危险的。国家制定未成年人保护法是为了保证我们的安全，却不是为我们创造法治之外的"保护伞"。任何未成年人犯了错或触犯了法律，都不应该以此作为自己脱罪的理由。

如果你明知道自己已经犯了错或触犯了法律，还以此为借口给自己脱责、脱罪，那么这种行为不但恶劣，更为人所不齿，即便不会受到法律的处罚，也一定会受到公众的唾弃。

我们应该明白，没有人可以游离于法律之外，未成年人也不能为所欲为，法律的明文规定应该成为所有人的约束和必须遵守的规则。所以，我们不能因为自己未成年就无惧犯错，或者明明犯了错，还有恃无恐，一副"你能耐我何"的丑陋模样。现在的你，也许能侥幸逃脱法律的制裁，但不懂得约束自己，长大后积习难改，铸成大错，等待你的一定是更加严厉的惩罚。

三、在合乎规则的范围内，可以大胆尝试新鲜事物

当然，遵守规则并不是要求女孩子们做事缩手缩脚，不能尝试，恰恰相反，在合乎规矩的范围之内，我们完全可以大胆地去体验和尝试各种新鲜事物，

丰富自己的认知和阅历。

比如，女孩也可以尝试学习一些新技能，如轮滑、篮球，让自己在运动中变得更坚强；或者学习一下厨艺、茶艺、插花等，提高自己的艺术鉴赏水平；性格内向的女孩还可以尝试去学习演讲、主持，既锻炼自己的能力，又能磨炼自己的性格。

总而言之，只要我们在遵守规则的前提下，将热情、好奇心用在对的地方，学习和尝试真正对我们的成长有益的事情，那么我们也一定能够打开更多精彩世界的大门。

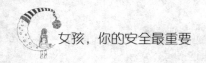

叛逆并不是青春与个性的表现

一位妈妈在某平台上发布了一个帖子，讲述了发生在自己家的一件事。

这位妈妈家中有一位13岁的女孩佳佳，平时学习成绩不错，也很乖巧听话。有一段时间，妈妈发现佳佳的成绩不断下降，就问她怎么回事，佳佳很不高兴地说："老师讲得太快了，我听不懂！"

"那其他同学能听懂吗？如果听不懂的，你也可以在课后问一下其他同学，或者问问老师……"

妈妈的话还没说完，佳佳就大声嚷嚷起来："老师不管我，你也别管我，你们真烦！"

突如其来的顶撞，让妈妈一时之间不知所措，但妈妈还是耐心与女儿沟通："佳佳，你不应该这样跟妈妈说话，妈妈是想……"

"好了，好了，别说了！如果你觉得我学得不好，那我干脆退学算了！"佳佳大喊道，随后"咣当"一声关上自己的房门，再也不跟妈妈交流了。

第二天是周末，妈妈发现佳佳穿了一件很暴露的衣服准备出门，就急忙说："佳佳，你怎么穿成这样出去？"

佳佳黑着脸，不耐烦地说："别老用你那套老土的思想管我，您还是多赶赶潮流吧！"

妈妈怎么也不明白，原来乖巧懂事的女儿，怎么突然变成了这个样子？

曾经有一位青春期的女孩对自己的妈妈说："为什么我一听见你跟我说学习的事情，我就来气？我知道你是为我好，但我心里很反感，或许这就是叛逆心理。如果你不跟我说学习的事，我还觉得跟你很亲近，而不是像现在这样，害怕跟你交流。"

可以说，这是一位青春期女孩的独白。

青春期的女孩正处于开放性与封闭性的矛盾之中，她们需要与同龄人，尤其是异性或父母平等地交流，渴望他人与自己一样，彼此之间敞开心扉。只是，每个人所站的出发点不一样，这就难以满足青春期女孩的心理渴求。

但是，父母要满足青春期女孩的心理需求，不代表女孩可以以"个性"为由与父母对着干、唱反调，就像案例中的女孩佳佳一样。她本来不应该在自己该学习的年龄懈怠学习，但当妈妈向她询问时，她却一副反感的态度，还认为自己的行为理所当然，这显然是不对的。

对于青少年来说，活力四射和张扬叛逆会同时存在于她们的身上，虽然这是这个年龄段女孩特有的样子，但很多女孩却过分强调"个性"这个特质，总觉得"青春就要个性，就要叛逆"是一句放之四海而皆准的真言，认为自己就应该贯彻到底。于是，在一些像佳佳一样的女孩身上，就出现了故意不听课、故意与父母对着干的言行，甚至认为这样才能体现出自己的独立意识，让自己变得成熟。

然而，叛逆也好，个性也罢，其实都是青春期的一个特点而已，并不意味着我们因此就真的独立了、成熟了。相反，这恰恰彰显出我们的不成熟。为什么会叛逆？是因为我们对于成长感到困惑，所以想要尝试一下、挑战一下，看看自己到底能够做到什么地步。这是青春荷尔蒙爆发所产生的冲动，无需去刻意放大。尤其对于女孩来说，通过叛逆、个性而成为他人眼中的焦点，反而可能给自己招来非议甚至危险。

因此，青春期女孩千万别动不动就把自己的叛逆行为当成个性，真正的个性应该是下面这样的：

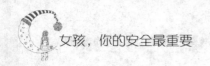

一、努力、用心地发挥自己的优势

心理学家克利夫顿曾说："判断一个人是不是成功，最主要的是看他是否最大限度地发挥了自己的优势。"

每个女孩都是独一无二的，都有一些别人不具备的优势，如果你能将自己的优势发挥到最好，那才能真正成为属于你的个性。

当然，你还要弄清到底什么才是发挥自己的优势。有些女孩觉得：只要我会做一件事，就是我的优势。事实并非如此，你的优势并不仅限于"会"，而应该是做得"非常好"。要做到这一点，你就要努力、专注地磨炼自己的能力，让你"优势"真正成为你的优势，这要比你以所谓的叛逆来标榜个性有意义得多。

二、懂得进退，知错就改

有些时候，我们可以将叛逆当成是一种冲动，去新鲜的世界里闯一闯、看一看，这并不是坏事。但是，我们一定要注意原则，懂得进退。一旦发现事情不是你能控制的，或者的确是你不能做的，必须要及时止步；而对于自己已经犯下的错，更要知错就改，不给自己第二次犯错的机会。这样才是真的个性。

简而言之，女孩在成长过程中，可以不断突破自己，但绝不能突破秩序、规则，挑战道德与法律的底线；可以做错事，但绝不能一错再错，做出让自己无法承担后果的事情来。任何以挑战道德、法律，与规则、秩序对着干的行为来证明自己，都是很愚蠢的做法。只有善于不断吸取教训、总结经验，我们才能迅速成长起来。

三、坚持自己的梦想，就是最大的个性

每个女孩都渴望成为他人眼中的焦点，为此，一些女孩不惜浓妆艳抹，穿着另类，在众人面前放肆地说笑，以为这样就是个性。如果父母或老师对其进行纠正，反而还被她们指责"老土""老思想""不懂潮流"……殊不知，这些都只是一种哗众取宠的行为，根本不是什么个性。

真正的个性是坚持自己的梦想，专注用心、持之以恒地朝着自己的梦想努力，用梦想的实现来证明自己的能力与价值，让自己成为众人眼中的焦点，这才是最值得做的事。

总而言之，青春期是人生中的一个重要时期，女孩要追求独立、追求个性，可以通过更加积极的方式，而不是通过叛逆，或者与父母、老师对着干的方式来证明。这样的言行除了让你显得更加幼稚、无知之外，于你的成长毫无意义，甚至还可能因此而给自己招致一些不必要的麻烦和危险。

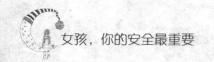

远离"拉帮结派"，做个团结的女孩

在江西省南昌市某大学女生宿舍内，住着7个来自不同城市的女孩，其中小何是副班长，也是宿舍的舍长。

因为这"双重身份"，小何很喜欢在宿舍里称老大，希望宿舍里其他女孩都听她的，否则"有你们好看的"。几个女孩都不想给自己惹麻烦，只好大大小小的事都由小何做主。

有一次，小何提议大家凑钱更换个新窗帘，而其中一位室友觉得，窗帘才用了一年，也没破，完全没必要换，并且表示自己不愿出钱。这可触怒了"老大"，小何立刻告知其他几个女孩，不要再与这个女生来往，否则就是和她过不去。几个女孩不想跟小何闹翻，只好孤立这个女孩。女孩只好独来独往，彼此倒也相安无事。

然而到大四时，这个女孩申请保研，需要班干部推荐，便找到了副班长小何。没想到小何不但没有推荐女孩，还在辅导员面前说了女孩很多不好的话，最后女孩保研没有成功。宿舍里的其他女孩也不想在最后关头得罪小何，毕竟自己可能也需要班干部推荐，只好忍气吞声。

由于所谓的"面子""当老大的虚荣心"等，让一些女孩毫不犹豫地拉帮结派，搞"帮派活动"；并且因为缺乏正确的是非观，这些"小帮派"还可能做出一些较为出格的事。

案例中保研失败的女孩，就因为一件很小的事情没有依从副班长小何，结果遭到小何拉起的"小帮派"的报复对待，给自己的未来带来了很大的影响。而"小帮派"中的其他几位女孩，又何尝不是在这种"压力"下战战兢兢地过着不安宁的日子呢？

也许有些女孩对所谓"拉帮结派"的说法不认同，认为自己只是和几个要好的小姐妹组成了一个小团体而已，并不会给别人带来什么影响。那么，这样的小团体真的很和平、很温馨吗？

并不见得。有些小团体通常都具有非常强烈的排外性，比如大家约定不和哪个同学玩，要把哪个同学孤立起来；或者大家一起给谁投票，选她当班干部，哪怕这个人明明不适合；……这些事情在小团体中十分常见。如果一个班级中存在多个这样的小团体，那么对整个班级的团结互助就会产生严重影响。

不仅如此，女孩的内心一般都比较敏感、细腻，一旦被某个"小团体"针对，就可能出现自卑、焦虑、恐惧等不良情绪，甚至因此而出现心理问题，严重影响正常的学习和生活。

同样，"小团体"的内部也并不太平，其中的"大姐大"必然属于"权威者"，说一不二。就算说得不对，其他女孩为了不被孤立，也只能随声附和，否则就可能被"踢出"团队。女孩们为了留在团体内，不得不说一些违心的话，做一些不情愿、不恰当的事，这又会影响她们的是非观和价值观的形成。

所以说，"拉帮结派"对于女孩的成长、学习与生活来说都没什么好处。与其绞尽脑汁地想着怎么在"帮派"中立足，倒不如直接远离"拉帮结派"，做一个团结友爱的好女孩。

一、保持个性独立，不随声附和，不依附他人

要想做个团结友爱的女孩，首先就要保持自己个性的独立。这种独立不仅是指你在身体上的独立，更指你在心灵上的独立，也就是说，女孩要靠自己的能力赢得别人的尊重。遇到问题时，你可以去请教别人，但不要想着去附和谁。

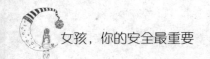

比如，有的女孩动不动就说："这次考试我全靠你了！""这次我只能找你帮忙了，别人帮不了我。"这样就容易让对方产生一种高你一等的感觉，继而对你颐指气使，甚至要求你依附于她，加入她的"帮派"之中。

相反，抱着请教的姿态去寻求帮助，在获得帮助的基础上，再通过自己的努力解决问题或取得成绩，然后向对方表示真诚的感谢，懂得礼尚往来，这样才能赢得对方的尊重，让对方对你刮目相看。

当你以这样一种独立、自我的姿态与别人结交时，对方自然也不敢轻视你。

二、自己也不做"拉帮结派"的事，不孤立、为难他人

我们不但不加入一些"小帮派""小团体"，自己也不做"拉帮结派"的事，因为在学校里，我们的主要目的就是学习知识，提升自己，而"帮派""团体"显然并不能帮你达到这个目的。既然如此，你又有什么理由浪费时间和精力去组建所谓的"帮派"呢？

除此之外，我们在学校里还要与其他同学建立平等、互相尊重、互相帮助的友谊关系，而不是去孤立他人、为难他人。当然，如果有与你谈得来、兴趣相投的同学，你们也可以建立真挚的友谊关系，但绝不建立无聊的"帮派"。只有当你用尊重、友爱的态度对待他人时，你才能赢得他人的尊重，同时做好自己，绕开各种麻烦甚至危险。

三、与有相同价值观、志向或爱好的同学组建健康的团体

有些女孩可能会说："我并不想组建什么'帮派'，但我想跟几个喜欢英语的同学组建一个'英语学习社'，行不行呢？""我们三个女生想做一个唱歌跳舞的组合，可不可以呢？"

当然可以。因为这种团体成立的前提是为了更好地学习和分享知识，或者更好地发挥自己的兴趣爱好，而不是为了其他不良的目的。

但是，在组建之前，你们一定要确定好这个团体的价值观和目标，即：为什么要组建团体？和哪些人组建？组建后都做什么？等等。这样才能避免你们的小团体最终沦为"小帮派"。

如果你们的小团体中都是一些爱好相同、乐观积极、充满正能量的人，那么这样的小团体是很值得组建的。而且通过团体内部的彼此沟通，分享知识和心得，大家还能够共同进步。

需要特别注意的是，即使你组建了一些学习性质的小团体，也绝对不要脱离班级这个大集体。因为小团体只表示你们彼此有共同的爱好，并不意味着你就完全不与其他人接触。青春期是提升人际交往能力的最佳阶段，只有不断拓展兴趣，才能与更多的人建立起友谊。也就是说，你不能为了一个"小团体"而故步自封，你在团体内的目的是为了提升自我，但你的交际是自由的，你还需要不断提升自己的其他能力。只有面对更大的集体，你才能成长得更迅速。

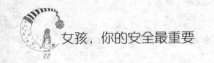

心中充满阳光，不做问题女孩

　　15岁的小凡今年上初三，最近她经常失眠，有时夜里两三点都睡不着。即使睡着了，也一会儿就自己醒过来。

　　上课的时候，她的注意力也很难集中，老师讲的内容听不进去，大脑几乎一片空白。可一想到今年就要中考了，小凡心里又焦虑得不行。

　　回到家后，小凡的心情也不好，不仅如此，她还经常感到紧张不安，不知道自己该做点什么才能平静下来。无奈之下，妈妈带她去看了心理医生。

　　经过心理医生的分析，小凡的这种心理主要源于她对未来的茫然和不确定：小凡的妈妈是一家企业的高管，对女儿管教一直很严格；而对于小凡来说，父母的苛求逐渐转化为她对自己的标准。为此，小凡不断给自己心理暗示：我只有表现得足够好，只有考上重点高中、重点大学，爸爸妈妈才会满意，才会喜欢我。

　　因此，小凡一直以来都不敢放松自己，事事都努力追求完美，但在最近的几次考试中，她的成绩都不太理想。这让小凡很担心，害怕自己的成绩一直下降。就这样，紧张、焦虑等情绪让小凡变得压抑、不安、敏感，并开始失眠。

　　小凡的情况并不是个案，很多青春期女孩都出现过这些情况。青春本来就是每个人的童年时代与未来生活的交接阶段，这个阶段的女孩常常会因为对未来的茫然而焦虑不安，有些女孩还可能会出现比小凡更严重的心理问题。

在这个案例中，我们姑且不考虑小凡妈妈在其中发挥的效用，但就小凡的行为来说，如果不及时驱散内心的焦虑和阴霾，小凡很可能会出现更严重的心理问题。

所以，如果你也出现了与小凡相似的情况，一定要及时引起重视，虽然父母在这其中可能起到了一定的"助推"作用，但我们自己也要学着努力调整自己，避免自己陷入各种心理问题之中。

其实，我们不妨将成长与人生当成是一次刺激的探险之旅，在前行的道路上，我们会遇到一个个难以跨过的难关，但一定要用积极、乐观的态度去面对问题，用智慧、理性的态度去思考问题，并遵循"遇到问题－思考问题－分析问题－寻找对策－解决问题"的思路去处理你遇到的各种问题，相信你的能力会越来越强，你的心态也会越来越乐观。

那么，我们该怎么做呢？

一、看到事情积极的一面

任何事情都有两面性，但有时女孩们往往只关注消极的那一面，忽略了积极的一面，结果就会变得悲观、焦虑，事情也会越来越糟糕。这对于解决问题是十分不利的，一旦女孩陷入这种情绪中，就可能做出一些极端危险的行为。

根据一项《英国医学杂志》的研究发现，在青春期少女中，发生自残行为的数据呈逐年上升的趋势。这一现象已经成为许多国家都存在的重要公共健康问题，也是导致青少年自杀的高风险因素。并且更令人震惊的是，女孩的自残行为要远远超过男孩。而究其原因，发现这种高比例的自残率都是由于心理问题造成的，其中以青春期女孩尤为显著。

女孩的这种心理问题，大多都是由于心思敏感、过于悲观造成的，要想避免这些心理问题的出现，就要多用积极的暗示让自己看到事情积极的一面，从失败中看到希望，从学习和生活中寻找到快乐，找到自己前行的动力。能够客观地看待事情，女孩才能尽快走出消极的阴霾，成为阳光、乐观的自己。

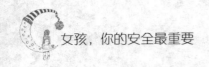
二、敢于面对现实

在成长的道路上，每个人都会遇到各种各样的问题，很多事情也是我们无法预测或改变的。再加上女孩本来就心思细腻、敏感，容易思虑过多，这原本不是什么错误。只不过，如果我们任由这种情况蔓延下去，就可能会给自己带来更大的伤害。

实际上，任何人在生活中都会经历失败、困惑，女孩在经历失败后，要学会面对现实，不要只关注一时的成败，相信只要自己付出努力，总会有收获的。不要过度地多愁善感，不无端担忧未来，一旦自己出现胡思乱想的时候，可以通过其他一些活动转移注意力，比如进行一些户外运动、听听欢快的音乐，或者做一些自己感兴趣的事情等，帮助自己尽快走出不良情绪的束缚。

同时，女孩还要多提醒自己，把问题想得简单一点、现实一点，对一切都充满耐心、充满信心，那么你就能渐渐远离烦恼，健康、快乐地成长。

三、培养学习能力，充实自己的生活

知识是一切成功的重要因素，不要因为学习压力大、学习很单调就轻视知识的重要性，女孩一定要培养自己的学习能力，提高自己的各种技能，用知识充实自己的生活，才能让自己的内心逐渐强大起来。

时间是从来都不偏私任何人的，每个人每天都有同样多的时间，但每个人都能活出不一样的姿态。有的人过得充实，有的人过得空虚，这就是不同人生选择的结果。想要让自己的生活充实、丰盈、乐观，就要把握好时间，不虚度时光，让自己不断成长和进步。只有让自己的内心充实起来，我们才能获得更多的快乐，拥有更精彩的人生。

礼貌待人，是对人最起码的尊重

有一年，北京大学迎来了新一届大学生的报到，一个个朝气蓬勃的大学生带着大包小包的行李进入了自己梦寐以求的校园。

学生们入校后，要先到老师的办公室填写表格。这时，一个纤瘦的女孩背着沉重的行李来到老师的办公室，她看到人很多，就在边上排队，然而轮到她时，她发现自己携带的行李没处放。

正着急的时候，女孩忽然看到旁边过来一位踽踽独行的老人，于是女孩就走上前，大声对老人说："帮我看一下行李。"说完，自己就跑去填表格了。

过一会儿，女孩填完回来后，拎起放在老人身边的行李，转身就走了，连一句"谢谢"都没有说。老人无奈地摇摇头。

在开学典礼上，这位老人出现在了前面的讲台上。主持人介绍说，这位老人是我国国学大师季羡林先生。

案例中的女孩，自以为是天之骄子，就忽视他人，连对老人基本的礼貌都没有，实属不该。试想一下，如果这个女孩遇到的老人不是季羡林先生，而是一位脾气暴躁的老人，那么她的无礼行为就很可能会被老人数落一顿。

有些女孩可能觉得，有没有礼貌是自己的事，跟别人无关，殊不知，礼貌是一个女孩最好的名片。如果青春期时你的某些无礼行为能够得到原谅的话，那么以后走上社会、走上工作岗位后，你的一些无礼行为就可能没那么幸运了。不仅如此，还可能给你带来危险隐患。

网上曾经有一则新闻，一个女孩刚刚找到一份新工作，第一天上班就迟

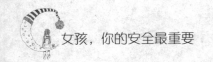
到了，上司批评了她几句，没想到女孩立刻恶言恶语地顶撞起上司来。上司很生气，觉得这个女孩太没礼貌、没教养了，当即就将女孩开除了。

2013年时，湖南省一位24岁的女孩邱某，在与一名男子商量工作时发生矛盾。邱某张口就大声辱骂男子，结果惹怒了男子，男子残忍地将邱某杀害后分尸抛弃。

本来可以通过耐心沟通的方式解决问题，非要用一种粗俗、无礼的方式处理，结果只会伤害自己，得不偿失。

著名文学家歌德曾说："一个人的礼貌是一面照出他肖像的镜子。"是否有礼貌，决定了你在他人眼中的形象与地位。尤其在与人第一次见面时，如果你以礼相待，举止优雅，那么别人对你的印象也一定很好，并乐于尊重你、帮助你，否则只会引来他人的反感和厌恶。

对于青春期的女孩来说，礼貌就显得更为重要了。因为我们尚且处于人生的成长阶段，不管是知识、能力，还是经验、阅历，都远远不够，这是最需要我们能够以礼待人、提升自己的时候。相反，如果自视清高，对他人毫无礼貌、友善和敬重之心，就很有可能被周围人所嫌弃。哪怕他们原本可以为你提供帮助，也会因为你的无礼而放弃帮助你。

所以，女孩一定要将礼貌待人作为自己为人处世的一个基本原则，并且将其培养成习惯，不断提高自己的修养，让自己成为一个知礼、懂礼、守礼的阳光女孩。

一、经常运用礼貌用语与人交谈

要想成为一个有礼貌的女孩，提升自己的修养，我们平时在与人交往时就要经常将礼貌用语挂在嘴边。

比如，见面时要打招呼，热情地说"你好"；向别人请求帮助时，要说"请问您能帮我一下吗"；在获得了别人的帮助后，要真诚地说"谢谢"……

虽然这些都是简单的礼貌用语，但只有经常说出来、做出来，你才能慢慢将它们变成自己的习惯，使其成为自己人格修养中的一部分。

二、懂得适当让步，宽容地对待他人

在一些非原则性的问题上，如果你与别人出现了矛盾，不妨适当做出让步。这并不意味着你是懦弱无能的，相反，这样做恰恰体现出你的礼貌、修养与宽容。如果事事都要争个高下，无礼也要搅三分，只会激化矛盾，让事情难以收场，甚至会给自己带来麻烦和危险。

网上有这样一则新闻，一名女子在地铁里吃东西，味道较大，旁边的男子就说了她几句，认为她在公共场所吃味道这么大的食物不合适。没想到女子不但没有认识到自己的错误，反而对着男子大声斥责、辱骂。周围人忙劝说女子不要再骂了，结果女子更加嚣张。最后一个小伙子实在看不过去了，过去狠狠地抽了女子一个嘴巴，女子才闭嘴。

我们姑且不说这个小伙子的做法是否合理、合法，单说这个女子的行为，简直就是既无礼又无理。不仅如此，她还不知让步，对别人咄咄逼人，这样的行为自然会引起公愤。

由此我们也能看出，在某些情况下，懂得适当退步，不但能让矛盾消失于无形，还能让你获得一个海阔天空的心境。

三、微笑是你呈现出最美的一面

微笑是这个世界上最美丽的语言，它传递着礼貌、和平、友好和幸福。虽然微笑只是个简单的动作，但它却能产生无穷的魅力，感染着你身边的人。所以，女孩在与人交往时，一定要学会用真诚的微笑来表达自己对对方的礼待、尊重与友善。

当然，微笑也不是时时都是合适的，如果微笑时机不恰当，同样显得很没礼貌。比如，在一些悲伤、凝重的场合微笑，就显得不合时宜。

2021 年 1 月，几名游客在参观四川省汶川县映秀镇的震中遗址时，竟然不停地说笑打闹。导游看到后，愤怒地说："我刚刚已经听到你们笑了几次了，

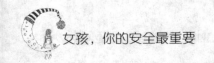

请文明祭奠；如果再笑，请你们出去！"

在 2008 年的那次汶川大地震中，很多人都失去了生命，所以汶川地震遗址是一处令人心生敬畏的地方。然而，有人竟然在参观这里时笑出来，显然是丧失了应有的敬畏，这种行为实在令人无语。

因此，女孩还要注意把握微笑的时机，让微笑产生积极的影响。

一般来说，当你与他人的目光接触的瞬间，要报以浅浅的微笑，以此向对方传达自己的友好之情；当你在听别人表达自己的观点时，也要适当报以微笑，表示你正在耐心地倾听；或者当别人给予你帮助后，一定要微笑着向对方表示真诚的感谢。

总之，当你的心中有友善、温和、感恩、敬爱等积极的情感时，都可以用礼貌的微笑展现出来。这样的微笑和这种美好的心境一定能让你获得他人的称赞，帮你赢得更好的人际关系。

冷漠不是成长该有的色彩

　　网上有一段长达近 7 分钟的视频，曾经在各大视频网站引起了很大反响。

　　视频中共有 4 个女孩，年龄大约都在十三四岁左右。她们站在一排平房前，其中一个穿白色衣服的女孩正和 3 个穿着校服的女孩争吵，听她们争吵的原因，似乎是穿白衣服的女孩抢了 3 个女孩中一位女孩的男朋友。

　　就在白衣女孩试图解释时，穿校服女孩中的一个突然冲上去，朝着白衣女孩连着扇了两耳光，白衣女孩被打得说话都语无伦次了。接着，女孩又试图解释，旁边另外一名穿校服的女孩又冲上去，对着白衣女孩就是一脚。白衣女孩吓得连连后退，3 个女孩又上去将其拉回原地……

　　这时，拍摄视频的人突然发声，原来也是一个女孩。只听这个女孩大声笑着说："好，打得好！就要狠狠地揍她！"

　　在视频拍摄过程中，还有几个学生闯入镜头，在一旁冷漠地看"热闹"，却没有一个人上前劝说或者报警。

这段视频在各大网站转载后，众多网友都纷纷声讨穿校服的 3 个女孩和拍摄视频的女孩，称这种暴力行为太可恨，而拍视频的女孩和周围的旁观者太冷漠。

女孩们，如果你看到这样的场景，会怎么做呢？

现如今，每个人都希望自己遭遇危险或不幸时能得到他人的帮助，然而

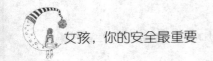

在他人遭到危险或不幸时，很多人却可能装聋作哑，冷漠无情。这是一种社会怪象，这种现象产生的原因，多出于人们错误地认为"事不关己，高高挂起"，即跟我没有关系的事，不管它合理不合理，我都不去管、不插手。我们无法否认，见义勇为是靠自觉行动而非法定义务，但面对他人遭遇不幸时袖手旁观，毕竟还是暴露出了很多人冷漠自私的一面。

实际上，不光社会上很多人具有这种冷漠心理，一些处于青春期的女孩也很冷漠，案例中的拍摄者、周围围观中的女孩，就是这其中的典型代表。此外，在很多其他地方，同样有冷漠的女孩。

2020 年 8 月，广东省一个 12 岁的女孩牵着邻居家的狗出去玩，不知是小狗挣脱了她的牵引，还是女孩压根儿就没牵狗绳，小狗在奔跑过程中，狗绳绊住了一位站在街旁老人的脚，老人当即便被绊倒在地，头部直接摔在地上。

眼见小狗闯了祸，女孩不但没有马上报警或打 120 救护车求助，而是匆匆看了一眼倒在地上的老人，转身快速地跑掉了。虽然周围的人马上拨打了 120，但老人还是因为伤势过重离世了。

我们姑且不论女孩当时的想法，到底是恐惧还是想逃避责任，但不管怎样，眼见一位老人因为自己的狗而被绊倒，是不是应该先停下来看一看老人的伤势？可女孩并没有，这件事也因此引起了网友的愤怒。

通过这件事我们也意识到，女孩切记不要做个冷漠的人。试想一下，如果每个人看到别人遭遇不幸时都无动于衷，万一有一天你遇到危险时，又怎么会有人愿意伸出援手呢？

所以，青春期的女孩一定要消除这种冷漠的情绪，做个热情而有公德心的女孩。

一、通过点滴小事逐步培养感恩意识

青春期女孩应该从点滴小事做起，逐渐培养自己的感恩意识。

比如，当爸爸妈妈为我们准备了美味的饭菜、购买了漂亮的衣服，陪伴我们学习、带我们旅行时，我们都要心存感激。当妈妈为我们准备早餐时，我们要抱抱妈妈，对妈妈说"辛苦了"；当爸爸辅导我们写作业时，也要对爸爸说"谢谢爸爸"。

此外，父亲节、母亲节、重阳节、新年等，要向爸爸妈妈、爷爷奶奶、姥姥姥爷表达自己的祝福和感谢；教师节时，可以自己亲手制作小礼物送给老师，向老师表达自己真诚的感谢和美好的祝愿。

在这种生活的点滴中耳濡目染，女孩就会逐渐养成感恩的习惯。

二、勇敢地承担自己的责任

女孩不冷漠的一个重要表现，就是做错事后敢于承担责任，而不是逃避责任，或者将责任推卸到他人身上。

责任是人与生俱来的一种约束、一种力量，同时，责任也是女孩人生观、价值观和世界观的一种体现。学会承担责任，严于律己，是女孩成长的重要标志。

其实，我们每个人都会犯错，犯错也不可怕，可怕的是犯了错后却不承认自己的错，甚至明知故犯，这样有一天必然会栽"大跟头"。相反，犯了错误不逃避，遇到问题不畏惧，也不找任何借口，勇敢地直面自己的错误，并承担相应的责任，才是一个女孩成长过程中该有的样子。

三、热心也要懂得保护自己

有些女孩可能会说："看到别人遇到困难或遭遇危险时，我也很想帮忙啊！可我势单力薄，帮不上，怎么办呢？"

女孩有这样的担忧是非常正常的。的确，无人的街上，凶恶的歹徒挟持了路人，作为势单力薄的女孩，我们即使有心帮忙，也是心有余而力不足。如果贸然上前，不仅可能越帮越忙，还会给自己带来危险。路上躺着一位摔倒的老人，如果贸然上前帮忙，还可能被老人讹诈。

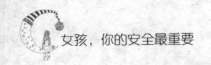

　　在这些情况下，我们到底帮还是不帮？如果帮忙的话，怎么帮才最安全呢？

　　对于第一种情况，如果你自己当时是安全的，没有被坏人发现，那么就要在保护好自己的前提下尽快拨打报警电话，将自己看到的情形和所在的位置清楚地告知警方，等待警方前来救援。或者跑到附近人多的地方，向成年人求助，请大人帮忙处理。如果周围没人，切不可大声呼叫，以免引起歹徒注意，给自己带来危险。

　　对于第二种情况，你可以先拨打 120 求救电话，等待专业人员前来救助；如果周围有路人，你也可以请路人帮你作证，录下你扶救老人的视频。这样一来，你既保护了自己，又帮助了别人，可谓一举两得。

不论发生多大的事，都不要走极端

　　2019 年 9 月的一天，重庆市九龙坡区某小区的居民突然听到楼下传来"砰——"的一声巨响。由于声音很大，楼上的居民都纷纷从窗户探出头来看个究竟。没想到，居民们看到的却是二楼遮挡的平台上隐隐约约躺着三个娇小的身体……

　　居民们赶紧打电话报了警，十几分钟后，消防员到达现场，花了一个多小时时间才从二楼平台上救下来三个女孩，随即将三个女孩送往医院救治。然而遗憾的是，三名女孩都已经没有了生命体征。

　　后来，有知情人透露说，这三个女孩大约都在十二三岁左右，并且是手拉手从 18 楼的窗户上自己跳下来的。可到底发生了什么事，能让三个花季女孩如此无视自己最珍贵的生命，做出这种极端的行为呢？

　　近些年，女孩自残、自杀的案件层出不穷，原因也各种各样，但不管出于什么原因，这种伤害自己的行为都是不应该发生的。我们不知道案例中的三个女孩到底遇到了多么难以解决的问题，但选择以结束自己的生命来进行抗争，代价未免太大了些。

　　事实上，我们很多人都将自己的感受看得太重要，却将原本最珍贵的生命看得太轻，遇到一点儿挫折、打击就要死要活，似乎除了不要命之外就没有能够解决问题的方法了。这种情况在青春期女孩身上非常常见，所以我们也会经常在新闻中看到一些女孩出现离家出走、自残、自杀、放纵自己等不

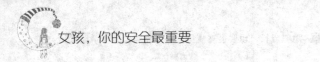
当行为。

青春期女孩由于处于身心发育的关键时期，出现敏感、脆弱等情绪和心理都属于正常现象，有时也可能因为经验少、社会阅历不够丰富而难以面对和解决一些问题。但是，我们至少应该明白，只要生命还在，就没有解决不了的问题；而一旦放弃了生命，那么问题就真的解决不了了。

所以，不管女孩遇到了多大的难题，都不要走极端，更不要做出伤害他人或自己的事情来，而是要相信，随着我们的逐渐成长，社会经验的逐渐丰富，我们一定能够更好地处理问题、战胜困难。

一、正确地认识生与死的问题

每一个生命的到来都是难能可贵的，都值得我们好好对待。同时，每个生命在成长过程中，都会经历各种各样的挫折、失败，但这绝不是你放弃生命的理由。相反，战胜它们，你才会变得强大、自信，未来的人生才会更璀璨。

从很小的时候起父母和老师都告诉我们，自己的未来要由自己创造、书写，那么，面对一点儿压力和挫折就放弃生命，还怎么创造和书写未来呢？相反，这是无能、懦弱的表现，是愧对生命的表现。

当然，成长中的女孩难免会遇到压力，但是，我们同样有很多种方法去缓解这些压力，比如：读书、运动、学一些特殊的小技能、旅行、结交积极乐观的朋友、出去看看外面大大的世界……这一切不仅可以帮我们缓解压力，还可以增长我们的见识。当我们看到的世界越来越大、经历越来越丰富后，就会对生命充满敬畏，也会更加珍惜生命，对未来充满了期待。

而且通过这些活动，你也会慢慢意识到，自己遇到的那点儿压力与大大的世界相比，实在不算什么，只不过就是人生途中的一个小插曲而已，完全不值得你为之付出生命的代价。

二、学会自助和向他人求助

有些女孩一遇到问题、困难，觉得自己无力解决时，就会产生自暴自弃甚至厌世思想，其实完全无须如此。因为在你看来，这些问题可能是天大的问题，是"无解"的，但如果你找到了"窍门"，就会发现这些根本算不上什么大问题。

比如，当你在学习上遇到问题，在人际关系上遇到问题时，在一开始比较容易解决时，就积极寻找解决方法。通常情况下，问题在刚开始出现时就积极解决，是完全可以化解的。

如果实在感到棘手，也别钻牛角尖，可以寻求他人的帮忙，如同学、朋友、老师、父母或者其他专业人士等。不管是解决实质性的学习问题、人际关系问题，还是解决内心深处的情感问题、思想问题，他人的开导和帮助都比我们独自"死磕"有效得多。尤其是出现一些心理问题时，向专业的心理医生求助，心理医生会以更加科学的治疗手段来帮助我们，让我们更快地走出困境。

三、永不放弃，但也接受平凡

在这个世界上，没有一个人能够被其他人打败，除了自己。对于青春期的女孩来说，尽管会面临成长中的种种烦恼，但只要你自己不放弃自己、不放弃未来，就没有人能让你放弃。

所以，女孩们要明白，不管在任何时候，遇到任何事，都不拿自己的生命作赌注，只有活着，一切才有可能；也只有活着，才能看到更大、更美好灿烂的世界和未来。

与此同时，我们也要接受自己的平凡，控制自己过度的欲求。其实很多女孩做出各种极端行为，并不是因为她们真的遇到了什么难题，而是她们的一些不合理欲求没有获得满足，才用这种极端的方式要挟父母、要挟别人，

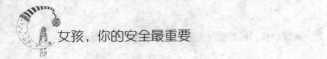

这是非常幼稚且无知的行为。

　　如果不出意外的话，我们中的绝大多数人终将走向平凡，过一个普普通通的人生。但是，这并表示你可以不努力，对未来没有期待，相反，我们永不放弃对未来的期待，尽自己最大努力去追求美好的未来，同时也要过好自己当下的生活，根据自己的实际情况设定目标，一步一个脚印地前行。只要脚踏实地，说不定哪一天，你就会发现自己已经走上了一个意想不到的高度。

　　所以，亲爱的女孩们，请保护好你自己，加油地奔向属于自己的美好未来吧！